本书获国家自然科学基金（项目批准号：71763008）资助

经济管理学术文库 • 经济类

制造业集群供应链网络效应研究

Research on Supply Chain Network Effect of Manufacturing Cluster

胡宇辰 张孝锋／著

经济管理出版社
ECONOMY & MANAGEMENT PUBLISHING HOUSE

图书在版编目（CIP）数据

制造业集群供应链网络效应研究/胡宇辰，张孝锋著.—北京：经济管理出版社，2017.12
ISBN 978-7-5096-5612-9

Ⅰ.①制… Ⅱ.①胡… ②张… Ⅲ.①制造工业—供应链管理—研究—中国 Ⅳ.①F426.4

中国版本图书馆CIP数据核字（2017）第319705号

组稿编辑：宋 娜
责任编辑：张 昕 姜玉满
责任印制：黄章平
责任校对：陈 颖

出版发行：经济管理出版社
（北京市海淀区北蜂窝8号中雅大厦A座11层 100038）
网 址：www.E-mp.com.cn
电 话：（010）51915602
印 刷：北京晨旭印刷厂
经 销：新华书店
开 本：720mm×1000mm/16
印 张：11.5
字 数：145千字
版 次：2019年6月第1版 2019年6月第1次印刷
书 号：ISBN 978-7-5096-5612-9
定 价：98.00元

前　言

伴随着我国近几年产业结构的不断调整与升级以及全球经济一体化的不断深入和发展，形单影只的企业已难以参与到全球竞争的大舞台中，在当今世界经济市场中也难以占据一定的份额。制造业集群作为区域经济的特色组织形式，发挥了显著的集聚效应，并为推动社会经济发展起到了极其重要的作用。但是近年来，在产业集群发展中普遍出现了同质化竞争、低端模仿、形聚而神散等不良现象，究其根本原因在于集群供应链网络主体之间缺乏有效的协同，另外很重要的一点在于集群内的各个成员之间不仅要重视内生增长的相关因素，还要特别重视整合区域外部相关资源，将整体区域经济发展纳入到供应链网络中来。本书依据供应链网络协同及产业集群理论，在制造业集群供应链网络构成主体及其联结模式解析基础上，对制造业集群供应链网络结构进行分析，进而从分工协同效应、资源协同效应、生产协同效应、市场协同效应、竞争协同效应和创新协同效应等维度解析制造业集群供应链网络协同效应，通过研究发现企业在制造业集群供应链网络中能够通过整合内外部资源、构建协同合作关系、促进知识的流动和增值，最终实现集群供应链网络所带来的协同效应。

目 录

第一章 导论 …… 1

第一节 研究背景及意义 …… 1

一、研究背景 …… 1

二、研究意义 …… 2

第二节 国内外相关实践 …… 4

一、相关学者对制造业集群供应链网络协同模式的定义 …… 4

二、供应链网络协同模式的形成途径 …… 6

三、供应链网络协同模式的优势 …… 8

四、供应链网络协同机理与模式中存在的问题 …… 9

第三节 技术路线 …… 10

第四节 创新点 …… 11

第五节 国内外研究现状及发展动态 …… 12

一、产业集群相关研究 …… 12

二、供应链网络相关研究 …… 13

三、供应链协同相关研究 …… 14

四、集群供应链相关研究 …… 15

五、研究述评及发展动态 …… 16

第二章 产业集群与供应链网络理论 …… 19

第一节 产业集群理论 …… 19
一、产业集群的定义 …… 19
二、产业集群的一般演化过程 …… 20
三、产业集群的模式 …… 23
四、产业集群的特征 …… 26
五、产业集群的优势 …… 27
第二节 供应链网络理论 …… 30
一、供应链与供应链网络的概念 …… 30
二、供应链网络演化过程 …… 32
三、供应链的组织结构关系 …… 33
四、供应链网络的结构类型 …… 37
五、供应链网络的结构特性 …… 39
第三节 供应链协同相关研究 …… 41
一、供应链协同概念与作用 …… 41
二、供应链协同模型 …… 43
三、供应链协同策略 …… 45
第四节 集群供应链相关研究 …… 46
一、集群供应链组织模式 …… 47
二、集群供应链协作模型 …… 48

第三章 制造业集群供应链网络 …… 49

第一节 制造业集群供应链网络构成主体的定义 …… 50
第二节 制造业集群供应链网络主体分类 …… 51
一、按供应链流程分类 …… 51
二、按战略地位分类 …… 56

第三节 制造业集群供应链网络联结模式 …… 57
一、单核集群供应链网络联结模式 …… 58
二、多核集群供应链网络联结模式 …… 62
第四节 小结 …… 66

第四章 制造业集群供应链网络结构 …… 67

第一节 制造业集群产品供应链网络结构 …… 68
一、制造业集群产品供应链网络特征 …… 68
二、产品集群内供应链网络的运作 …… 69
第二节 制造业集群服务供应链网络结构 …… 71
一、信息技术服务供应链 …… 71
二、物流服务供应链 …… 72
三、金融服务供应链 …… 73
四、政策服务供应链 …… 74
第三节 制造业集群知识供应链网络结构 …… 75
一、制造业产业集群知识服务 …… 76
二、制造业产业集群知识服务供应链特征 …… 76
三、制造业产业集群知识服务供应链结构 …… 78
第四节 盛泽丝绸纺织业集群供应链案例研究 …… 82
一、盛泽丝绸纺织业集群式供应链组织结构 …… 83
二、盛泽丝绸纺织业集群式供应链形成和发展机制 …… 85
三、盛泽丝绸纺织业集群式供应链特点 …… 89
四、盛泽丝绸纺织业集群式供应链运作流程 …… 90
第五节 小结 …… 91

第五章 制造业集群供应链网络效应 …………………… 93

第一节 制造业集群供应链网络分工协同效应 ………… 93
一、产业集群与供应链网络的协同发展 ………… 93
二、协同效应理论 ………………………………… 95
三、产业集群的分工协同理论 …………………… 96
四、制造业集群供应链网络分工协同的效应 …………………………………………… 98
第二节 制造业集群供应链网络资源协同效应 ……… 104
一、概念 ……………………………………………… 105
二、内容 ……………………………………………… 106
三、影响供应链网络资源协同效应的因素 …… 109
四、约束与限制条件 ……………………………… 112
五、制造业集群供应链网络资源协同的效应 …………………………………………… 113
第三节 制造业集群供应链网络生产协同效应 ……… 115
一、产生背景与要求 ……………………………… 115
二、集群特点 ……………………………………… 117
三、设计依据和运行机制 ………………………… 118
四、协同供应链中的信任机制与激励机制 …… 122
五、案例分析 ……………………………………… 124
六、制造业集群供应链网络生产协同体系 …… 127
七、采取的对策 …………………………………… 129
第四节 制造业集群供应链网络市场协同效应 ……… 130
一、时代背景 ……………………………………… 130
二、制造业集群理论和供应链网络市场协同的契合 ……………………………………… 131
三、案例分析与研究 ……………………………… 134

四、上海汽车制造业集群中加强供应链网络市场协同的必要性 …… 138
第五节 制造业集群供应链网络竞争协同效应 …… 141
一、产业集群中供应链网络竞争的特点 …… 141
二、产业集群对供应链网络竞争协同的要求 …… 142
三、集群供应链网络竞争协同的优势 …… 143
第六节 制造业集群供应链网络创新协同效应 …… 145
一、企业集群供应链协同的评价原则 …… 145
二、企业集群式供应链协同的驱动因素 …… 146
三、基于价值网的产业集群式供应链协同管理模型 …… 147
四、供应链协同管理与产业集群升级的关系 …… 148
五、集群式供应链的协同管理 …… 150
六、产业集聚与供应链联盟的协同发展效应分析 …… 155

第六章 研究结论与展望 …… 157

第一节 研究结论 …… 157
第二节 研究展望 …… 159

参考文献 …… 161

第一章

导　论

第一节　研究背景及意义

一、研究背景

伴随着我国近几年产业结构的不断调整与升级以及全球经济一体化的不断深入和发展，形单影只的企业已难以参与到全球竞争的大舞台中，在当今世界经济市场中也难以占据一定的份额。所以，区域经济近几年的发展中产业集群这一模式起到了十分重大的影响和带动作用，地方经济中集群作业形式逐渐聚拢成一张巨大的制造业网络，制造模式也从业间分工的模式逐步转化为业内的分工模式。换而言之，制造业集群作为区域经济的特色组织形式，发挥了显著的集聚效应并为推动社会经济发展起到了极其重要的作用。但是近年来，在产业集群发展中普遍出现了同质化竞争、低端模仿、形聚而神散等不良现象，究其根本原因在于集群供应链网络主体之间缺乏有效的协同，另外很重要的一点是集群内的各个成员之间不仅要重视内生增长的相关因素，还要特别重视整合区域外部相关资源，将整体区域经济发展纳入到供应链网络中来。集群供应链作为一种新型网络组织形式，是依托于产业集群又突破集群聚集地域限制的供应链网络的集合体。除此之外，各个节点中的企业要想实现自己的销售目的，主要还是依赖于诸多辅助功能产品的支持，而这些辅助产品之间的需求就存在一定的依赖性，一种产品如果想占据一定的市场份额，就取决于其他各项相关服务的支持。我们都知道当今网络的基本特性就是其中每个节点上的成员相互依存、相互支持，网络成员之间的相互依存性就会变相放大网络中所有个体的效率和其存在的价值。所以网络效应是制造业集群供应链网络形成的最主要原因之一。在供应链整体链条上的各成员企业，包括最终用户形成了一个整体功能性网络，那么在这其中的企业协作关系就会影响到整个网络效应的发挥。这方面的研究在我国兴起于20世纪80年代末期，通过下面章节对于相关文献的调研和检索可以发现，目前我国国内对于制造业集群供应链网络协同效应的研究一般将目光侧重于制造业集群与区域经济关系的实证分析研究，同样的观点反复出现在不同学者的著作中，学者们普遍认为，一个区域的经济发展不可能在所有类别的制造业都占尽优势，集体优势的形成往往根植于特色，区域的经济特色一般就是制造业集群化的显现。形成制造业集群不仅有利于单个企业的自身发展，更有利于整个制造业集群提升整体的外部竞争力，反过来，区域整体经济也可以借助其形成的集群效应而得到本质性的改变和发展，现如今关于制造业集群的供应链网络协同机理与模式的研究相对还处于起步阶段。所有学者都认同在供应链网络协同效应下，制造业集群会形成其特有的机理与模式，并依托于整条制造链，使其体现出强大的竞争优势，迅速占据一定的市场份额。

二、研究意义

在当今中国的经济市场中，两个企业之间的竞争实际上已经上升为产业链与产业链之间的竞争，人们也逐渐将自己关注的重点放在了这种合作竞争的产业集群现象上。可是，对于在上述内容中存在的现实问题，本书将选取制造业集群为重点关注对象，研究其供应链网络协同演化机理与协同模式，“独木难成林”这种模式的形成将有利于制造业集群中的企业加强良性互动和紧密协作，有利于整合节约利用社会资源，同时也有利于制造业集群的可持续发展。另外，要想提高供应链的竞争力，使供应链在当今市场激烈的竞争中获得胜利，关键是要研究如何发挥好整体网络的协同效应，主要包括我们要研究的企业战略、信息、信任、分配、标准等不同角度的协同，其主要意义在于对制造业集群的供应链网络的核心进行深入探讨和研究，我们认为要想形成一个有效的协同机理并构建一个高效的模式，基础是信任，主体要围绕核心企业构建，其中的关键是体系中企业间的信息有效协同沟通。集群生产模式在世界上随处可见，如美国的汽车之城底特律、日本的丰田汽车城、上海的上汽集团等，都是典型的通过形成制造业集群这种模式来获取集体竞争力的提升，如丰田汽车产业集群，在这个金字塔形的企业序列中，丰田汽车公司在塔尖，处于第二层的一级配套企业有 168 家，处于第三层的二级配套企业有 4700 多家，处于第四层的三级配套企业有 31600 多家。丰田汽车之所以能构筑成为一个王国，正是由于这一大堆企业所形成的集群模式，可在我国企业中，除了上述内容中存在的那些问题之外，企业难以建立起一定份额的规模经济和范围经济，体系中企业之间的技术、经济联系不强，产品单一，规模偏小等都是现实中实实在在存在的问题，我国企业的市场竞争力和经济扩张行为都被这些现实中存在的问题所束缚和限制。除了上述内容之外，本书研究的另外两点意义如下：

（1）本书将丰富和完善制造业集群研究的理论体系。从供应链网络协同演化的角度分析制造业集群供应链网络结构及制造业集群供应链网络协同演化机理，扩展了制造业集群的具体研究范畴，对制造业集群的良性运作提供了一定的理论依据，具有一定的理论参考价值。

（2）本书将为制造业集群供应链网络协同提供新的解决思路和方法。制造业集群供应链网络协同模式与策略的提出将为制造业集群供应链的网络协同研究提供新的视角，对帮助制造业集群企业增强协同合作具有一定的现实指导意义。

第二节　国内外相关实践

一、相关学者对制造业集群供应链网络协同模式的定义

在一个地区中，有诸多制造商、供应商、零售商、批发商、市场终端客户、研发机构等组织围绕着相同的产业或相关类似产业聚集起来，它们构成了产业价值链中的不同环节，这些组成成员之间的关系可以简单地描述成“供应商—客户”，将它们互相连接起来的是它们之间互相协商达成的“信任和承诺”等非正式或正式形式的契约，这样就形成了以该区域为主的一体化的供应链体系；在这其中，核心企业具有非唯一性和生产同业性这两种性质的原因，就直接造成在该地方区域中各个供应链企业不仅在内部之间要相互协作，而且还要跨链条协调其他不同单链条上的企业；与此同时，网络外部还存在着大量提供专业配套化服务的中小型企业，为集群内的企业提供专业和配套化的服务。供应链网络协同机理指的是在供应链网络协同模式下，成员之间互相可以达到信息自由交流、分享自身的创新成果以及战略目标共同化和企业生产活动无缝连接的基础，并以此为基础实现整个集群供应链网络的价值最优化，连接各个成员企业的链条是集群在形成初期企业之间相互协商所达成的协议或用联合组织的模式形成的网络联合体，在达成某种协同决策之前先进行沟通和协调的一种

特殊的运行机理。

其特点具体可以总结为如下几点：

（1）组成成员多元化，顺应全球经济一体化的时代潮流。

（2）网络内信息共享化，借此来提升集群供应链网络的整体竞争力。

（3）互相之间的关系竞合化，这样做可以提高共赢效应。

（4）成员目标一致化，只有成员之间团结在一起，才能形成强大的战斗力。

集群供应链网络协同模式在现实中最常见的类型包括嵌入型、协同型、竞合型、关联型等。在这所有类型中，协同型集群供应链模式被公认为是最能发挥组织竞争力的协作模式，同时也能最大程度上满足市场发展的需求。这也是我们在本书中选择研究这个模式的原因和理由。集群中的核心企业供应链与集群之外的作为第三方提供物流的企业之间形成的那两条或者两条以上的供应链组成的网络运作模式为嵌入型模式。若集群中存在两条或多条有着相同或相似产业供应链组织形成的网络运作模式被我们称作是竞合型模式。除了上述两种模式之外，在产业集群中存在着供应链核心生产企业之间一个企业能够将另外一个企业的废弃物再利用，凭着这一关系的两条或两条以上供应链组成的网络运作模式就是关联型模式。最后，最重要的协同型集群供应链网络协作模式指的是在产业集群中存在着两条或两条以上产业相同或相似的供应链组织组成的网络运作模式，其组成模式示意图如图 1–1 所示。

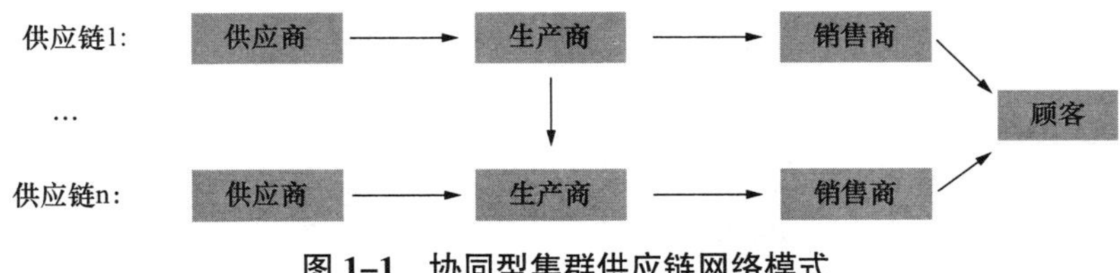

图 1–1　协同型集群供应链网络模式

从图 1-1 中我们可以看出，若干条供应链中的部分成员相互之间，既存在着长期的相互合作关系，同时也存在着相互竞争关系，但这其中，相互竞争这种关系已经被排在了相互合作关系之后了，当今企业在二者中选择更多的是协同合作，为了满足市场客户的需求共同合作提供服务。在一个由集群供应链组成的网络系统内，除了两个企业之间存在密切的联系之外，两个或多个不同核心企业所处的供应链之间也存在着频繁的联系。这样就会形成一条主体为核心企业，其余节点上的企业围绕着这个主体，通过控制信息流、计划、协同、资金、物流等各个方面的联系将上下游企业连接起来的供应链链条。通过这些链条可以持续扩散成一个更加完善并且机制齐全的供需网络体系，满足其内部组成企业需求的前提下，还可以同时以集群所处市场中顾客的实际需求为导向，制定集群的集体战略目标，并可以通过集群内每一个成员企业环节效益的增加值，来形成更为庞大有力的群体效益的提升。

二、供应链网络协同模式的形成途径

一个产业集群供应链网络协同模式的形成途径总结起来大概有以下几条：

（1）相关配套体系的制定与完善。在产业集群建立发展初期，首先必须寻找并培养好核心企业，通过这个核心企业来对当地的产业集聚起到辐射和吸引作用。相关数据表明，一个产业要想培植起一个属于自己的核心企业，必须保证每年至少引进 2~3 个投资 5000 万美元或过亿美元的大项目作为其配套支撑。只有这样的经济高投入作为支撑，3~5 年之后就可以形成一批特色化、外向型的产业成熟集群网络。

（2）依托于自身优势形成的集群，企业面向市场找准自身的发展定位，抓住全球化产业结构调整这一重大机遇，辅以资源、地区位置等条件优势，紧随市场主要潮流，将地区中的优势产业不断做强做大，逐步在地区经济体制中形成具有地方特色的产业集群。

（3）加大力量提高科研和技术研发，将核心环节打造成集群网络供应链模式。一个完善的产业集群，必须具备一套强大的自主研发体系，在生产制造基地之外还要有企业的研发基地，这需要企业之间积极构建起区域内长期稳定的合作关系网络，借着企业之间的交流和沟通，达到技术、信息、人才等核心资源的流动，从最大程度上实现资源的最优化配置。另外，还要着重加强企业与科研院所、研发机构、相关院校之间的横向联系，通过建立长期的关系来提高自身产品所包含的技术含量，通过与这些部门的合作，培养出专业的人才，加强自身人才储备，同时也要做好人才的引进工作，并可以考虑根据相关的业务开展来招收专业对口的科技、管理人才。

（4）将区域中各类与集群有关的资源进行整合，为集群发展营造出一个良好的发展环境。产业集群中涵盖了很多不同种类的产业，其中包括服务业、咨询业、金融业、信息业等产业，另外还有各类生产性行业，这些产业的聚集也使得集群核心区具有了完善的配套功能。同时，在一个成型的产业集群中，如果只有供应商而没有客商，那么企业就缺乏必要的达成条件，从这个角度来看，产业集群的本身就可以看成是一个规模较大的、完善的产业市场。产业集群的发展，不仅需要注重引进企业群体，还要注重培育产业集群环境。一方面，可以建设相关的公共服务，建立管理、技术等相关咨询机构，提供公证、会计服务、法律咨询以及产品验证认证机构等配套服务机构；另一方面，政府应当认真地研究推动集群良性发展的各项制度、规章、金融、财政政策、产权保护等，通过合理的宣传手段和服务设置，来达到降低产业发展成本、扩大市场交易、提高产业集群的知名度和影响力的目的。

三、供应链网络协同模式的优势

在协同型集群供应链网络中，同一产业具有五花八门的产品种类，并且每种类型的产品都具有一个较高水平的市场需求，它们之间具有很强的互补性，这些特点都赋予了产品一定的系统集成性。在这其中，核心企业不光只靠技术来实现控制系统的目的，更多的还是选择通过产品自身在业内长久的发展积累的口碑和消费者信誉所产生的品牌效应以及企业自身强大的资金运转能力等来建立优势。较之其他模式，可以总结如下表 1–1 所示。

表 1–1 供应链网络协同模式的优势

具体优势	含义
技术研发	一个集群要想蓬勃发展，其必经之路就是要对技术进行研究和探索，这也是其赖以生存的根本，具体实现途径有两条：第一是依靠集群内核心企业的强大实力，通过股份划分的方式来进行共同研发；第二是在集群内借助相关研发机构及院校的研发实力来进行
专业市场建设	这一项任务对集群日后可以形成的规模有着极其重要的影响，由于集群内部允许多个不同的核心企业以及多条不同的供应链同时存在，这也就造成了其所需要的原材料变得复杂起来，因此建立专业的原材料市场对集群网络的整体发展就更具意义，这也属于一项一劳永逸的工作
物流运作模式	有较之其余模式更专业的物流运作模式，有三种途径可以实现：第一，简单外包；第二，整体外包；第三，创建更为复杂同时具有更完善的配套设施的物流园区
标准协同要求	在供应链网络协同中，各个成员都会保持标准上的高度协同，包括所选取的技术、绩效评价等，这就会对整体绩效、实力产生一个良性的影响。主要包括的有技术和绩效这两个方面的标准协同
利益分配协同	在集群内部有一个相对公平的利益分配协同机制，付出得越多，收获得越多；相反，那些付出少的企业，收获的也就越少
品牌营销优势	通过每个成员能够构建起一个强大的品牌效应，以达到迅速在市场中占据一定份额的目的，也可以通过发展专业的市场，来建立区域性的品牌，获得纵向一体化的利润

四、供应链网络协同机理与模式中存在的问题

供应链上的各个企业在本质上还是一个单独的个体，它们之间只是通过简单的协议或联合组织的形式将各自进行了一个简单意义上的聚合。在这种简单意义的聚合模式中，企业之间的协同就变成了最简单的点对点的连接，可在这最简单的连接中，我们无法从中看出系统性和统一性，也没办法看出这一整体有一个集群该有的样子，整个集群缺乏必要的随机应变能力。如果在这其中的一个企业在日常运作中出现了无秩序或是延迟对接，那么这个集群中的各个组成企业的价值创造活动都会受到影响，这样也会使整个集群的价值降低。综合文献与企业现实生产活动中的真实境遇，可以将主要弊端总结如表 1–2 所示。

表 1–2　供应链网络协同机理与模式中存在的问题

弊端	具体内容
市场反应慢	各个企业对自己内部的信息化建设也参差不齐，发展中没有建立相应的平台和通道使信息在企业之间畅通无阻的流通，并且企业内部办理业务的流程和传递信息的方式远远不能适应当今时代的要求，这就导致这些企业所组成的集群缺乏必要的应变能力。同时也会引起企业缺乏信息的引导而堆积自己的库存，更严重的甚至会导致客户满意度的降低
企业间缺乏信任	用“貌合神离”来形容这一现象再合适不过了，在表面上看来集群的经济竞争力确实强大，可是究其根本，组成的每一个成员企业其本质还是为了不同的经济利益各自为战的独立个体，在缺乏一个集群文化领导的情况下，还是会用自身长久以来积累下来的企业文化作为自己生产与工作的指导，长久以来，会使得集群内的其余企业产生不信任或不理解的念头，从而直接导致集群效率低下
集体效益低于预期	传统意义上，对于供应链网络的管理，集群内成员企业的信息无法彻底实现共享，在供应链缺乏统一调配的情况下，各个企业只能选择通过独立已掌握的信息来大概预判其他盟友企业的运营策略，这个在我们看来就会产生“牛鞭效应”，从而导致供应链的整体效益低于预期

第三节 技术路线

本书在搜索和研究相关文献的基础上，掌握了相关理论背景与理论知识，从掌握的这些基础知识入手，完成了本书的写作。本书具体包括以下几个部分：

（1）导论。在这一章中，我们着重于介绍本书研究主题中的优势与不足、研究的创新点、国内外的研究现状和发展动态。

（2）产业集群与供应链网络理论。这一章主要分为四个部分：第一部分介绍了产业集群的相关理论；第二部分主要介绍了供应链网络理论；第三部分介绍了供应链协同理论；第四部分介绍了集群供应链理论。

（3）制造业集群供应链网络。这一章主要分为两个部分：第一部分介绍了制造业集群供应链网络构成主体的相关内容；第二部分写到了制造业集群供应链网络联结模式。

（4）制造业集群供应链网络结构。这一章主要分为五个部分：第一部分为制造业集群产品供应链网络结构；第二部分为制造业集群服务供应链网络结构；第三部分为制造业集群知识供应链网络结构；第四部分为具体案例研究；第五部分为总结。

（5）制造业集群供应链网络效应。这一章主要分为六个部分：第一部分为制造业集群供应链网络分工协同效应；第二部分为制造业集群供应链网络资源协同效应；第三部分为制造业集群供应链网络生产协同效应；第四部分为制造业集群供应链网络市场协同效应；第五部分为制造业集群供应链网络竞争协同效应；第六部分为制造业集群供应链网络创新协同效应。

在上述每一章节的写作中，我们大体上都遵循着对章节中的理论进行基础研究—结构分析—理论依据—深入分析—解决对策这一技术路线，并选择主体分析法、调查分析法、神经网络图谱法以及归纳总结法等主要分析工具，在此基础上对基于制造业集群供应链网络协同运作机理及模式进行研究。

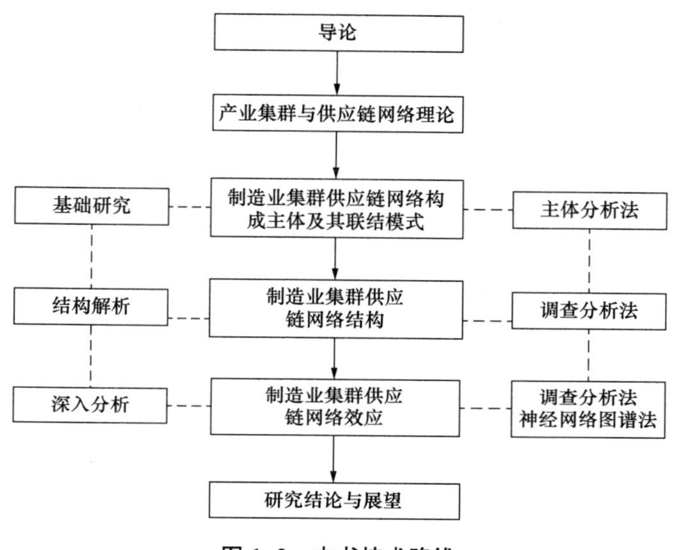

图 1-2　本书技术路线

第四节　创新点

本书的特色与创新之处主要体现在以下几点：

（1）从专业分工、服务协作与技术创新等维度构建集产品供应链主体网络、服务供应链与知识供应链辅助网络于一体的制造业集群供应链网络立体结构模型是本书的独到思路。

（2）从资源共享、生产与市场协作、技术交流、服务支持、协同创新等方面分析制造业集群供应链网络协同运作机理是本书的核心，具有一定的挑战性。

（3）提出企业生产协同的有序竞合模式、企业市场协同的交互营销模式、企业资源协同的联盟共享模式、企业知识协同的创新嵌入模式、机构服务协同的依托互利模式等五种制造业集群供应链网络运作模式，是体现本书实用价值的特有内容。

除了上述几点之外，本书还希望能通过研究得出一些在实际情况中可行的结论与方案，以帮助相关制造业集群供应链在形成网络协同这一模式时能避免出现类似的问题。

第五节 国内外研究现状及发展动态

本书研究需要从产业集群、供应链网络、供应链协同、集群供应链等多方面汲取理论营养，在当今理论界中，学者们已经普遍认识到了企业集群的重要性和必要性。本书也在搜寻并阅读了相关文献后，将相关研究文献分类梳理和述评，具体内容如下：

一、产业集群相关研究

产业集群作为企业与市场之间一种特殊的合作组织形态，在同一地域中对同一产业价值链上的企业形成了强大的凝聚力及强劲、持续的竞争优势，产业集群经常可以向下延伸到销售渠道和客户，并能在集群侧面扩展到辅助性产品的制造商，以及与技能技术或投入相关的产业公司，集群内包括提供专业化培训、教育、相关信息研究和提供技术及政策支持的政府和其他相关机构。从 1990 年波特教授正式提出产业集群的定义以来，有关集群的研究文献越来越丰富，集群已成为促进经济发展的一种新思维方式，同时又是引起变革的一种手段，其定义被认为是在某一特定领域内互相联系的、在地理位置上集中的公司和机构集合（迈克尔·波特，1998）。产业集群作为认识区域经济的思维方法，是把区域经济视为相互依赖的企业和机构的地方聚集的一种方法（王缉慈，2005）。近几年来，学者们还较多关注了产业集群的演变规律及集群创新问题（Klepper，2010；Engel et al.，2009；Chih-Hsing Liu，2011；Li et al.，2012；廉同辉等，2013）、产业集群的支持体系（胡宇辰，2005）、产业集群升级（刘平、贺武、周世璇，2015）、集群发展与区域经济互动（周晓晔、付东明、高婧葳，2016）。

二、供应链网络相关研究

供应链作为一种新型的组织模式和管理方式为企业的快速发展提供了强大动力，同时也是企业参与市场竞争强有力的武器，因此受到理论界和实务界越来越多的重视。随着国内外学者对供应链管理理论的关注，有关供应链网络的研究日益丰富，主要成果集中在供应链网络的概念与结构、供应链网络模型与算法、供应链网络决策等方面。第一点为供应链网络概念与结构。学者们普遍认为供应链网络是由供应商、制造商、销售商在战略、任务、资源和能力等方面相互依赖而形成的复杂供产销关系网络（Lin et al.，1998；Cooper et al.，1998；Christopher，1999），有的学者关注了供应链网络的演化（熊伟清、魏平，2015；曹文彬、熊曦，2016）。另外，国外学者从不同角度关注了供应链网络模型与算法研究，包括供应链网络设计阶段模型（Andi et al.，2002）、供应链网络平衡模型（Dong et al.，2004）、供应链网络随机模型（Tjendera et al.，2005）、供应链网络多层次交互作用模型（Che et al.，2007）、全球供应链网络风险管理的随机模型（Goh et al.，2007）。综合相关文献来看，近两年国外研究领域当中出现较多的是供应链网络混合整数规划数学模型（Özceylan，2013；Paksoy et al.，2013；Kristianto et al.，2014）。近几年国内学者较多关注了供应链网络均衡模型、算法和仿真（滕春贤等，2007；徐兵、朱道立，2008；张浩等，2012；彭向、张勇，2013；赵国甫，2016）、闭环供应链网络动态模型（孙嘉轶、滕春贤、陈兆波，2015）、动态供应链超网络均衡模型（马军、董琼、杨德礼，2015）。另外还有学者关注供应链网络决策，多数学者将关注点放在了供应链网络配置（Anthony，2000；Jun-

Hyung Ryu et al.，2004；Nagurney et al.，2005；Venkatadri et al.，2006；Fulya，2006；Suh-Wen Chiou，2007）。近几年，部分学者关注了供应链网络设计决策算法，包括供应链网络设计启发式算法（Badri et al.，2013；Stritto et al.，2013）、混合粒子群智能算法（Shankar et al.，2013）、交互式模糊规划方法（Fallah-Tafti et al.，2014）。另外，国内学者关注了单商品供应链网络中制造商与零售商的利润均衡决策（胡劲松、徐元吉，2012）、动态库存控制（李翀等，2013）、闭环供应链网络均衡决策（孙浩、张桂涛、钟永光、达庆利，2015）、可靠供应链网络设计（马卫民、李彬、徐博、张发幼，2015）。

三、供应链协同相关研究

供应链协同一直是供应链管理领域的热点问题，自提出以来受到了国内外学者的广泛关注，有关研究较丰富，主要成果集中在供应链协同概念与作用、供应链协同模型、供应链协同策略等方面。在供应链协同概念与作用方面，供应链协同是通过企业相互联系业务以实现资源共享，包括企业内部的协同和企业外部的协同（Thomas et al.，1996；Stank et al.，2001；Manthou et al.，2004）；供应链协同有利于收益共享，有利于生产、运输与库存的合理有效组织（Cachon et al.，2005；Kanda et al.，2008；Karakitsiou et al.，2008），供应链协同能够增强供应链弹性（Scholten，Schilder，2015）。在供应链协同模型方面，从2000年开始陆续有学者关注了供应链中不同节点企业间的协同运作模型（Sabri et al.，2000；Giannoccaro et al.，2004；徐琪、徐福缘，2003）、供应链协同决策模型（唐小波、黄媛媛，2005；宁方华等，2007；魏炜、申金升，2010；马士华、李果，2010；朱晓宁等，2014；Long，2016）。除此之外，在供应链协同策略方面，近年来越来越多的学者陆续关注了供应链中不同问题的协同策略，主要包括库存协同策略（Chaharsooghi et al.，2010；熊浩等，2014）、计划协同策略（杨凡等，2007；张翠华等，2008；黄焜等，2011）、物流协同策略（刘炯艳，2007；谈冉等，2007；谢磊等，2014）、知识协同策略（向晋乾等，2005；张省，2014）、契约协同策略（夏蔚军、吴智铭，2005；魏晨、马士华，2008；侯玉梅等，2013；Saha，Goyal，2015）等；另有部分学者提出供应链中需要构建协同管理信息平台（Abuhilal et al.，2006；陈志圣、黄立平，2007；裴玉玲、徐世六，2009）。还有少数学者关注了供应链协同机理与模式研究（闵新平等，2016；吴绒、白世贞、吴雪艳，2016）。

四、集群供应链相关研究

集群供应链作为以集群为平台的供应链网络集合体，是产业集群和供应链的有机结合，产业集群和供应链的相关理论都是研究集群供应链必不可少的基础，但国内外对集群与供应链耦合而成的集群供应链的研究起步较晚，有关文献相对薄弱。部分国外学者关注了集群中的供应链管理决策问题（Bozarth et al.，2007）、物流网络（Bosona et al.，2011）、集群供应链网络合作（Reveiu et al.，2013）。近几年受产业集群现象及供应链网络研究热潮的影响，关注集群供应链的国内学者及文献也越来越多，主要集中在集群供应链组织模式和集群供应链协作模型等方面。集群供应链组织模式主要包括全球价值链与地方产业集群供应链整合模式（黎继子等，2005）、集群供应链网络组织（霍佳震、吴群、谌飞龙，2007）、集群供应链企业两面组织模式（陈建军等，2009）、集群供应链的集成组织模式（杨瑾，2011）。集群供应链协作模型主要包括集聚型供应链网络演化模型（傅培华等，2013）、两单链跨链合作与不合作的供应链模型（黎继子等，2008）、集群供应链相同链节及不同链节库存互补模型（施国洪等，2009）、完全信息静态与不完全信息动态下两集群供应链间的博弈模型（唐喜林等，2009）、客户需求不确定情况下正常补货与紧急补货相结合的跨链库存协作模型（朱海波等，2013）、集群供应链无契约跨链采购模型及有限超储契约下的集群跨链采购模型（刘春玲等，2013）。目前只有少数国内学者关注了集群供应链合作（左志平、刘春玲、黎继子，2015）、集群供应链协调（颜波、刘艳萍、夏畅，2015；李宏宽、李忱，2015）及集群供应链协同问题。其中在集群供应链协同问题方面，周宏根、景旭文（2009）提出面向服务的集群式供应链协同平台；赵广华（2010）阐述了产业集群供应链协同管理的基本内涵，并提出产业集群供应链协同管理体系；黄花叶、刘志学（2011）提出第三方物流参与的集群供应链跨链双向补货库存协同控制模式；胡滢（2015）关注了第四方物流下集群式供应链协同管理。

五、研究述评及发展动态

现有国内外相关研究是本书可借鉴的宝贵资源，通过文献概述发现，对于各地产业集群本身的实际案例分析和事件报道较多，但具体关注产业集群供应链网络结构的研究较少，深入剖析制造业集群供应链网络结构构成及企业协同竞合关联将对企业及整个产业集群建设发展有重要价值。有关供应链网络及供应链协同研究的文献已经比较丰富，但关注制造业集群供应链网络协同的具体研究较少，从供应链网络协同视角关注制造业集群发展是一个较新的视角。集群供应链的研究起步较晚且主要研究成果集中在中国，西方发达国家在这方面的研究和应用不具备领先优势。现有集群供应链有关研究大多关注了产业集群与供应链的关系分析、产业集群的供应链模式分析及集群供应链网络内的竞合协作尤其跨链库存协作及物流协作等，取得了一些研究成果，但只有少量文献关注集群供应链网络协同问题，这为本书的选题及研究留下了一定空间。现有涉及到集群供应链协同管理的少量研究中主要提到了集群供应链协同管理框架体系、库存协同及协同平台，鲜有文献考虑了供应链运作系统的网络协同机理及具体模式，从供应链网络协同方面关注制造业集群是一个较新的视角。

综上所述，国内外学者在产业集群、供应链网络、供应链协同、集群供应链等方面已经取得了一些值得借鉴的成果，但是目前少有文献从供应链网络协同角度来分析制造业集群问题。在当今强调供应链网络协同的大环境中，制造业集群的稳定发展离不开其供应链网络的协同有序运作，研究制造业集群供应链网络协同机理及模式既是对目前集群供应链理论体系的补充和完善，也是对实务界具有一定指导意义的战略选题。

当今中国经济市场中，各个企业之间的竞争日益激烈，产业集群作为一个新的产业组织形式越来越受到人们的重视。在这一章中，我们主要论述了关于本书的相关理论和概念，并阐述了产业集群的完善方式就是所有成员企业自发地形成关于供应链网络协同管理的理念，这样做除了可以提高集群的运作效率之外，还可以使集群产业得到升级，根本原因一方面在于自身的核心优势的有效发挥，另一方面依赖于集群网络中的其他企业和其他单链条式供应链所共同凝聚起来所发挥的外部经济效应。顾名思义，只有真正的协同发展在各个方面都展现出相应的协同效应并发挥出高人一筹的优势，才能真正地实现独乐乐不如众乐乐的期许，最终实现产业集群的良好发展，也能在某些层面上推动我国经济快速稳定地发展。在现如今我国经济所处的大环境下，各个企业之间存在着日益突出的表面合作内在竞争现象，集群供应链网络协同这一模式逐渐成为企业能够做出的最明智选择，同时也是集群供应链健康发展的动力源泉。国内外学者做了大量的研究工作，可是目前所有的研究文献中，大部分学者在构建集群竞争力评价体系时，多数选择采用的是定性的方法，采取定量分析方法的学者处于少数。除此之外，大部分学者在构建集群竞争力评价指标时，主要是从集群内部选择相关的指标进行评价，对于集群外部环境对集群的影响涉足较少。这些方面都是我们可以研究的，同时也给我们的扩展研究留下了很大的空间。

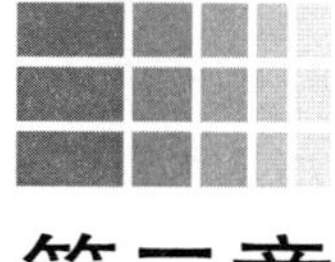

第二章

产业集群与供应链网络理论

第一节　产业集群理论

一、产业集群的定义

马歇尔通过发现企业为了降低生产成本集中于某个地理区域的现象，推出了外部规模经济导致集群的结论，从而使集群成为了研究产业发展的对象，成为了产业集群理论研究的开端。马歇尔根据不同方面的规模效应把外部经济分为三类，即中间投入品规模的扩大带来的资源节约效应，大规模的劳动力供给带来的买方人力资源市场效应，信息与技术区域内频繁交流带来的扩散效应，也可以分为有形资产的外部规模效应和无形资产的外部规模效应。全球大部分研究组织和学者普遍认同迈克尔·波特对产业集群的定义，认为产业集群就是属于一个或几个相关产业的一群相互联系、相互协作的企业或机构，在某个地理空间上的集聚。同时也有不少研究人员和学者在波特定义的基础上，对产业集群的概念做出了更加细化和具体的解释。有的把产业集群看作一种由许多小企业组成的一个大型组织，这个组织内的企业自发地进行分工协作、内部资源共享，共同应对市场失灵和内部组织失灵，团结互助使组织更具灵活性和稳定性；有的认为产业集群是一个巨大的企业经济联系网络，网络中的节点企业既相互独立又相互关联，它们是一个相互合作的整体，一荣俱荣、一损俱损的利益共同体的关系和结构关系长期稳定且分工明确，这个网络中的企业都处于一个纯市场经济的环境中，一切都由市场控制，商品、服务和知识都在这个市场中公平地交易；有的学者或组织从知识生产和文化背景的角度来理解产业集群，认为产业集群是产业链上的所有企业，提供信息、技术、知识等配套服务的支撑机构和广大消费者在一个具有共同的价值观念和独特的社会文化背景下的区域，形成相互联系、密切合作的网络。

二、产业集群的一般演化过程

1. *萌芽期——形成产业集聚*

产业集群和产业集聚是两个迥然不同的概念，产业集聚指的是企业在某个空间上的集中，各企业间凭借较弱的内在往来关系联系在一起；产业集群不只是在空间上的简单集中，还涉及企业间内在的各种经济活动和经济往来。根据对众多产业集群的形成和发展情况的观察与研究，发现往往总是先有产业集聚后有产业集群。产业集群是由产业集聚演化而来的，产业集聚仅是产业集群的最初阶段。在一个特定的区域内，由于拥有适合企业生存和利于企业发展的地理、人文、政策环境等带来的在自然资源、资本资源、技术资源、劳动力资源等方面的优势，配合上该区域内相当的市场需求，企业就会自觉地在这个区域内慢慢地集聚起来。在这个产业集群的初始阶段也就是产业集聚阶段，一些生产同类产品的企业为了降低成本、获得各种资源或者吸引消费者往往不约而同地集中到一个各方面综合条件相对优越的特定区域范围内。借助这些企业本身所兼具的相对较强的市场竞争力和盈利能力，加上该地域特有的各种优势，在这个区域范围内形成了吸引该类企业特定的“磁场”。然而在这个阶段，企业的集群还只是停留在空间上地理位置的简单集中这个层面上，各企业都处在相对独立的状态，企业之间在交易往来、经济运作、技术研究上并没有太强的关联性，产业上没有进行细致的分工以及恰当有利协作，这种地理空间上的简单集中、离散产业状态，基本没有产生任何企业集聚效应和作用。这种产业集聚实际上并没有形成真正意义上的产业集群，同时它在产业集群所具有的各种优势与特征上并不明显，故而这个磁场的吸引力相对产业集群来说较弱，集聚作用和效果也并没有发挥出来。

2. 成长期——集聚作用剧烈，快速形成集群

伴随着萌芽期集聚的企业间不断的碰撞交流，企业间的联系与协作不断增强，以及集聚区域范围内的各种有利因素，集聚企业在该区域不断增加，企业的竞争力和盈利能力也不断增强，随着该区域生产同类产品的企业陆续被吸引过来，这个磁场的能量越来越大，磁场中企业之间的相互作用也随之增强，等到磁性到达一定强度，集群开始进入成长阶段。成长阶段的产业集群不再是单一产品生产企业的集聚，往往还包括相关支持机构丛生和一条产业链上配套生产企业的集聚。这是因为集群内剧烈的竞争导致区域内知识极速扩散，使得整个集群内的产业都飞速发展升级。与此同时，伴随着集群内竞争的愈演愈烈，企业间开始对产业内的劳动进行具体的分工协作，明确各个环节产品和服务的供需方，便于协调集群内复杂多样的竞合关系，形成完整的产业链。在这一阶段，产业集群中的企业因为集聚能够非常快捷地找到合适、可靠的供应商和合作伙伴，通过分工，提升了集群整体的工作速度和技术创新能力，节省了大量用于寻找合作对象和价格谈判的交易费用以及工作效率提高带来的劳务费用。

3. 成熟期——企业间关联性提高，集群表现出明显的竞争优势

随着成长期的不断深入发展，集群内建立了几近完备的、系

统化的、协调稳定的产业链体系，产业集群已经具备较强的集群竞争力，并逐渐迈入成熟期。在集群成熟阶段，不管是核心企业、相关企业以及产业配套企业，在数量上已经达到顶峰，企业数量不再增加，集群内各项体系都趋于完善、稳定。各企业在产业链中的联系更加紧密，劳动分工更加精细合理，高效的合作与激烈的竞争促使企业在这个稳定、复杂、熟悉的动态本地网络中各取所需、各展所长、协调快速发展，展现了集群明显的竞争优势。随着产业集群的不断发展，集群企业逐步向海外扩张，力图在全球范围内获得竞争优势，为此必须加入全球价值链，在全球范围内寻找更优质的资源和更合适的合作伙伴，以降低企业成本，提高产品价值，扩大销售范围。集群内形成了覆盖区域中所有相关成员的社会网络，这种相对稳定的关系体系，以及集群内的社会结构中的各种规范、信任、共识等，为集群企业提供了独特而优越的社会资本，不断地推动集群走向成熟。基于社会资本建立的创新网络更是体现了集群发展的本地联系，增强了产业集群的根植性。集群企业的联系发展结合本地特有的深厚文化背景，为产业带来了巨大的无形资产和额外收益，使成熟稳定的产业集群，在全球竞争中具有自身独特的优势。

4. 衰退期——集群内特色产业衰退

如果集群内的企业能够凭借产业集群成熟期所获得的竞争优势在全球的价值链中找到一席之地，而不是直接在全球竞争中被淘汰，那么这个集群可以通过加入全球内该产业的竞争中，与海外竞争者建立更多新的联系，发现更多的机会来提升集群竞争能力，进一步刺激集群创新，构建新的创新网络，保持集群的稳定发展。但是，如果该集群无法参与到全球的竞争中去开拓新的发展空间，或者因为各种如资源、市场条件等的变化，导致环境不适合集群企业的发展，很多企业可能被其他更优越的环境所吸引而离开，集群内部四分五裂，难以维系正常的发展，产业集群从此进入衰退期。

三、产业集群的模式

1. 马歇尔式集群

马歇尔式产业集群是一种由一些中小企业为了利益主要是外部规模经济带来的利益，积极地在一个由历史与自然共同限定的社会地理空间集中，相互作用，相互协调，相互竞争。

马歇尔式产业集群早期在我国特别是东南沿海地区，多以传统产业为集群基础的产业为主，如江浙地区，在改革开放以后就形成了成千上万的马歇尔式产业集群如纽扣制造、小电器生产、制鞋行业等，还有广东的服装产业、小型家电产业、五金产业等集群。这些产业由于技术含量较低，投资所需的资金也不高，门槛跨越比较容易，而且需要大量的劳动力，为此多数中小企业选择通过抱团集聚高效地利用和共享廉价人力、物力资源，在竞争与合作中快速成长。马歇尔式集群相对于其他类型的集群而言，集群企业规模普遍较小且生产能力较弱，难以获得创新资源和能力；企业基本依靠产品生产过程中所需原材料、劳动力等生产要素因集群而带来的低廉价格，在价格方面形成竞争优势。在马歇尔式集群中，企业一般很少致力于创新，取而代之的是简单的模仿，集群中的知识外溢，便利了多数企业通过不付成本而坐享他人之利的渠道，降低创新所需的成本和随之而来的风险，导致企业创新动力低下。在这种氛围下，仅仅依赖外部力量促进企业的创新活动，并不能推动产业持续升级以及不断提高企业利润率，集群往往因为缺乏创新活力而处于停滞不前的状态，难以跟上同行业发展的脚步，逐渐被行业淘汰。

2. 轮轴式产业集群

轮轴式产业集群中企业呈轮轴状集中起来，以一个或多个核心企业作为轴心，众多中小型普通企业似圆环状围绕在核心企业周围。

电子行业和汽车产业，是最典型的轮轴式产业集群。这类集群可以说是由处在价值链高端的大企业主导的，不管是集群的形成还是形成之后的发展状况，都取决于大企业，其他的中小企业就相当于大企业中的一些配套生产部门，全都围绕大企业的生产业务，提供各种配套专业服务。在集群生产过程中，由大企业主导产品的研发、设计、制造、营销等关键业务，把握产业发展的大方向，然后把产业链上一些琐碎的、无关紧要的零配件生产、搬运运输等需要大量劳动力且繁杂的业务分包给其他的专业化分工的中小企业。这种集群，就像一个分工精细的大型企业集团，大企业主导核心业务，大量中小企业分工合作完成大企业分配下来的任务，与马歇尔式产业集群不同，在轮轴式集群中企业之间的专业化分工程度加深，相互联系和依赖增强，主要表现为中小企业成为配套企业，高度依赖于大而强的核心企业。

轮轴式产业集群是通过分解产业链和专业化分工形成的新组织形式，企业间协同运作能力较强，为集群带来了一定的整体竞争优势，但如果没有形成良性的开放竞争的氛围，容易出现大企业联合垄断现象，阻断集群的发展道路。

3. 卫星平台式产业集群

卫星平台式产业集群一般指跨国公司在其他地区设立分厂的集聚。卫星平台式产业区，主要由跨国公司的分支工厂组成，往往是在开发区的基础上发展而来。

卫星平台式产业集群和轮轴式产业集群类似，以几个跨国公司作为核心企业，大部分中小型外资企业为其进行配套，形成了专业化分工协作的供应链网络体系，外企空间集聚所产生的生产经验的累积优势，不同的是卫星平台式产业集群中的企业与海外母公司在信息、技术、物质、资金上的交流频繁，并且受海外母公司的影响较大，但几乎和本地企业没有联系，本土企业几乎不能参与到产业集群中，更无法享受集群经济带来的发展优势。外资企业一般都与海外企业总部联系密切，而在投资国国内则只与同类外资企业相互往来，协调合作自成体系，与本地企业的关联度较低，主要产业以几个跨国公司总部为核心，海外跨国企业作为卫星企业，随着海外条件的变化，按照总部的规划调整或转移位置，这些特征代表着卫星平台式集群的典型性质。改革开放以来，我国涌入了大量外商在国内各个地区进行投资建厂，珠三角地区因其独特的地理、环境、资源和政策等优势，首当其冲成为了外商投资的集聚区。在这些聚集区内，各外资企业分工协作，不断发展壮大，形成各种规模、信息、资源、成本优势，但这与我国企业的生产发展几乎没有任何关系，我们只是为这些企业的发展提供了便利的人文、自然环境资源。

4. 政府依赖型产业集群

政府依赖型产业集群是政府基于一定的目的，主要是通过产业集群带动地方经济的发展，利用各种政策手段主导产生的集群。政府部门需要调查该地区的产业、资源环境及经济发展状况发掘本地特色产业、资源优势，并结合当地的经济文化背景，找出最适合发展产业集群的产业。然后借助招商引资政策，引进一批相关企业特别是已经具备一定竞争力的优秀企业，并提供一些优惠政策，支持或扶持这些企业尤其是中小企业的发展，直到产业集群逐渐形成。在这之后，除非集群已经能够依靠已有的规模经济优势和创新能力继续向前发展，否则还是一直需要政府引导协助其发展。

几乎任何集群都有政府的参与，只是政府参与的方式和干预的程度不同而已，有的是政府主导，有的集群中政府只是起到支持或部分控制作用，有的仅在政府的允许范围内，不受其他干涉。在没有政府干预的情况下，产业集群的发展很可能会步入锁定的陷阱，政府可以从宏观的角度观察和研究各集群的发展状况，从而为产业集群的健康稳定发展提供正确引导，建立各种平台为企业提供更多的发展机会，推动企业建设和创新；完善各种基础设施的建设，为集群的发展提供便利的条件和优越的环境氛围；提供各种支持和开放政策，引进更多的优秀人才，获取更多的有利资源和能量；构建共享网络，促进集群内的人才、信息、技术、渠道的共享，加快企业运转速度。然而，政府在集群的发展演化过程中只能起支持、激励作用，不能完全控制和指导集群发展，要让集群自身能够独立成长，形成自己的体系和基础，主导自身的发展，而非只依靠政府。

综观这四种产业集群模式，各有各的特色，各有各的优缺点，可以通过相互借鉴相互补充，完善产业集群，构建以竞合互动为基础、集群学习为调节、创新为动力、政府干预为激励的产业集群运行模式。

四、产业集群的特征

（1）每个产业集群都是由许多生产相关或类似产品的企业聚集起来形成的一个大集体，它们都是围绕产业链上的同一类产业或者少数几个密切相关的产业，在同一个地理空间内展开一系列生产经营活动。

（2）集群内部的企业都是以产品生产过程中的某些具体工作为对象，进行专业化的区分，实现整个产业内部的分工协调。

（3）几乎产品生产过程中所需的所有材料、制造技术、劳动力资源以及专业服务、企业都在集群内成群出现，以供求关系建立联系，为供应链上的交流合作提供了便利，为集群内企业生产运作节省了大量的运输、交易成本。

（4）产业集群带来的诸多优势，使得集群中出现了地区优势品牌，品牌在发展的过程中不断向外扩张，并以品牌效应在各地建立了该产品的生产销售基地，与集群内产业主体呈“星团型”

分布。

从总体上讲，产业集群是产业链上的众多企业在某个地理空间上的高度集聚，是基于极其精细的专业化分工的各企业之间的生产合作与竞争所形成的各种优势的集合。

产业集群的所有优势几乎都来源于分工与协作的集聚，产品生产在一家一户，但是产业的整体规模却在千家万户，最典型的就是白沟；初级生产要素要转变为高级生产要素；非专业化资产转变为专业化资产；专业细分和中小企业高度集聚。产业集群是创业经济，即民资、民有、民营、民享；从自己擅长的技术或专长开始，从创办个体、私营企业开始，从创办小企业开始。产业集群也是创新经济，即非正式交流、知识外溢成为创新的动力和源泉（不同公司员工面对面的接触，工作之余的谈天等，可以促进专业知识尤其是隐含经验类知识的传播，与创新思维的扩散，使不同的思想在交流中相互碰撞而产生新的火花，激发出新的思维和方法的运用）；生产要素不断集聚，资金不断积聚，投资渠道广泛。

五、产业集群的优势

1. 学习优势

产业集群中集聚了大量的类似企业和生产配套企业，企业间激烈竞争、积极合作以及共同的产业文化背景，为企业的知识、技术创新活动提供了源源不断的动力和物质、信息、资金上的支持。集群内企业间的频繁交易、错综复杂的人际关系网络，高效发达的信息传递渠道，为知识和经验的传播提供了众多途径，规模经济带来的知识外溢效果明显，为集群成员的相互学习创造了有利的环境。

2. 成本优势

由于产业集群中集聚了大量产业链上相关的企业，它们从事同类产品的生产销售等活动，处在同样的经济政治文化背景下，人们所信仰的道德观、价值观、人生观都相差不大，人与人之间的交流因此变得更为顺畅，频繁的沟通合作使得企业内部人群、供求双方建立起牢固的信任关系，集群内人与人、企业与企业之间联系更加紧密，减少了企业交易中各种成本，如采购成本、谈判成本、监督成本等，再加上各企业地理上的集聚优势、规模优势以及专业分工优势，大大降低了信息获取成本、物质运输成本，提高了产品生产效率，降低了生产成本，为集群内企业带来了巨大的成本优势。

3. 区位品牌优势

较之以一般品牌，区位品牌最大的不同就是，它代表的是一个区域的品牌形象和吸引力，但是也是由名称、标志、包装、声望等多种要素组成，它是随着集群内产业的发展应运而生的，是整个集群的形象代言人，为外界展现集群的独特外在形象具有扩散性、持久性、放大性、公共性、增值性、抽象性与具体性，是属于该产业集群的一项巨额无形资产。相较于单个企业品牌，“区位品牌”是多个企业品牌精华的浓缩和综合，具有更广泛和持续的品牌效应，即稳定效应、磁场效应、宣传效应、聚合效应、带动效应等。

4. 全球化市场优势

产业集群可以借助集群内专业化企业在本地的高度集中，充分利用它们的技术、资源、渠道、规模优势共享，构建一套生产同一产品及配套服务的专业化分工网络体系，形成专业化市场，吸引全球范围内的相关生产企业与消费者与之建立联系，从而获取世界各地的关于该产品的生产技术信息、原材料供给信息以及消费者需求信息，有利于集群内企业了解该产品的全球生产、需求、竞争状况，预测发展趋势，制定更恰当、可靠、完善的发展战略。

5. 创新优势

集群内的中小企业由于集聚既具备自身因体制的灵活性和竞争的压力带来的较强创新意识，对新技术敏感和迅速的反应能力，也具备单个中小企业不能拥有大企业的创新资源优势，给大企业带来了竞争压力，行为优势和资源优势的结合也增强了集群的创新活力和创新能力。中小企业和大企业基于创新对象的分工，充分发挥了各自的创新优势，降低了集群整体的创新风险和失败的损失。集群企业间的联系，导致了知识技能在集群中的扩散，新的人员、技术、企业、机构的不断涌入更是引发了知识技能的集聚，为企业提供了优越的创新环境，推动了集群的可持续创新发展。

6. 社会网络优势

产业集群中各企业之间形成的关系网络，是一种集群独有的、价值巨大的无形社会资产。资源的高度共享，发达畅通的关系网络系统，频繁的信息、物资、技术交流，不但促进企业间物质流、信息流、资金流的高速运转，而且减少了信息不对称问题。

7. 产品差异化优势

产业集群内服务、分工的专业化，信息、技术、知识的外溢性，配套服务、支撑机构的完善，为集群企业创造差异化产品提供了平台和基础，它们为企业开发新技术、发现新资源、捕捉新机会带来了诸多便利条件。产品差异化分为水平方向上的差异化和垂直方向上的差异化，水平方向上的差异化指的是同种产品在制作精细程度上的差异；垂直方向上的差异化指的是品种、样式、外观、材质、规格等多样化差异。

第二节　供应链网络理论

一、供应链与供应链网络的概念

1. 供应链

供应链是由一系列由供求关系联系起来的从原材料开采、加工制造、转运分销直到产品或服务传递给最终消费者的网链结构，在每条网链中都有一个核心企业，可以是供应链中任何一个层级的企业，因掌握产品生产中的某项核心技术，从而能够控制整条供应链中的生产运作，主导企业间动态合作机制，成为供应链的物流、信息中心和资金周转中心，承担对供应链的组织和管理职能。供应链就是围绕核心企业，把大量相关企业联系在一起进行生产经营活动的网链结构。

供应链是通过供求关系产生的，一般都是存在于企业与企业之间，用于连接两个企业进行物质、信息、资金交流的链条，即使是大型企业集团也难以自给自足，难免要与外部企业建立供求关系来维系集团的发展运作。供应链是在网络信息技术高速发展与物质运输工具高度发达的时代产物，是伴随着经济全球化和知识经济时代的到来而发展起来的一种全新的现代化管理理念，并已在全世界范围内得到了广泛的认识和运用。美国供应链协会把供应链解释为：将从采购企业、运输机构、中间生产厂商、成品生产商、分销商、零售商到产品或服务最终购买者等所有成员，按照供给和需求关系连接起来的链条，从供应商的供应商到客户的客户，环环相扣，涵盖了涉及最终产品和服务形成过程中的一切努力。产品生产所需的物质、信息、资金在供应链上的各个企业之间来回往返运动，带动整条供应链以及供应链连接的所有企业同步、协调持续运作起来，物料从供应链的最上游企业经过多个企业的加工、改造、包装、运输到最下游企业，在给沿途企业带来收益的同时，自身价值不断提升，所以说不仅是一条物流链、信息链、资金链，还是一条增值链。

2. 供应链网络

一条供应链上通常连接着很多节点企业，每个企业承担一部分任务，以完成整个生产任务，所以各节点之间需要密切的配合与沟通协作。在实际情境中，供应链上企业间的关系并不是简单的相邻级之间的供求关系，还存在多级、同级之间的交叉关系，并且单纯的一条供应链网链一般很少见，往往是以多条网链结合的形式存在，这就形成了供应链的网络结构，一条链条上的供应商可能也是另外几条链的供应商或者销售商，每条网链上都有一个核心企业，多个核心企业间既竞争又合作，这就是所谓的供应链网络。

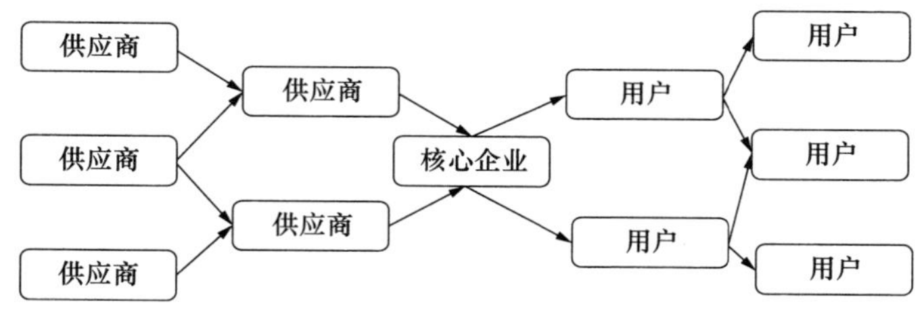

图 2–1 供应链网链

如图 2–1 所示结构就是目前公认的供应链网链结构，所有企业围绕一个核心企业开展业务活动，其与供应链网络结构最大的区别就在于只有一个核心企业。只有当多条网链结构以链状关系集合起来，就成了一张网状结构，即供应链网络。此时供应链中的核心企业不再是占据主导地位的关键环节了，同样也面临着网络中同级企业之间的竞争，与此同时，该级的上下级企业受核心企业的辐射与控制作用将会随着同类企业的存在而减弱，继而整个链条网链中的企业供求关系都会发生改变。

二、供应链网络演化过程

供应链网络一般都需要经历形成、成长、成熟和衰退四个发展阶段，在这个过程中供应链网络上的节点从无到有、由少变多，节点之间的连线不断变得复杂多样，企业间的责任担保关系也由弱到强。

起初，一些主体企业基于供求关系，进行产品生产上的合作，以每个企业为节点，然后通过合作关系以及交易将每个节点联系起来，交织成了网状的供应链，以便明晰各方利益与责任关系，供应链网络由此形成。在网络形成阶段，供应链网络中节点和连线从无到有，形成的网状结构比较简单稀疏，各节点之间关系较弱。随着供应链网络形成阶段的深入，网络中的节点企业借助合作中信息、技术、资金资源的共享，快速发展壮大起来。为了提高合作效率，占据更有利的资源，节点企业会想方设法把更多优势企业拉入网络中来，与此同时，外部企业在网络中资源的吸引下，也会主动加入进来，故而供应链网络中的节点越来越多，网络规模也越来越大。另外，每个节点企业一般都会有多个合作伙伴，随着网络中企业的增多，企业或许会找到更合适的合作者，况且每个企业都是不断发展变化的，企业的需求也会随之变动，所以供应链上的企业需要不断地更换合作伙伴，或者调整合作关系，这样一些落后的企业就会因为无法建立合作关系而被淘汰，而优秀企业间的联系会不断巩固增强，整个供应链网络中的节点企业都会在这种优胜劣汰的竞争环境中越做越强，带动供应链网络的不断发展成长。这些在供应链网络上表现为网络节点不断更新换代以及连线的不断断裂和重新连接。随着供应链网络中节点企业和企业间关系的不断变化与发展，大部分企业都找到了拥有良好责任担保关系的合作伙伴，网络进入成熟阶段。在这一阶段，节点之间充分共享各种资源，使得节点之间的连线次数和保证关系趋于稳定，网络中形成了关键的、核心的、相对稳定的节点，但供应链网络始终处于变化状态。直到衰退期，环境中的多种因素导致供应链网络中的企业逐渐消失或者退出网络，整个网络出现动荡、衰退现象，核心企业越来越少，供应链网络表现为节点的不断减少消失和网络连线的不断断裂，关键的、核心的节点不断消失。

三、供应链的组织结构关系

从供应链网络的结构维度看，它主要由垂直结构、水平结构和核心企业水平位置三个维度构成。

第一维，水平结构是指供应链由顶级到最终消费者这一级所包含层级数，级数越多供应链越长，级数越少，供应链越短。

第二维，垂直结构是指每一层级中涉及的供应商或顾客的数目。垂直结构越窄这一级的相似企业越少，反之，相似同类竞争者越多，这一层级的竞争越激烈。

第三维，是指核心企业在供应链水平结构中的位置。核心企业可能位于水平结构的任意一级。

1. 供应链网络中企业关系

在供应链网络的水平和垂直两个维度中，上下游企业和同级类似企业间的关系往往在竞争与合作之间相互转换，主要有如下四种关系：

（1）共存关系。两个企业相互了解，清楚地知道两者之间的合作或竞争既不能带来利益也不能带来机会，且各自的业务往来不会产生对对方的威胁，这个时候企业间往往形成共存的关系。最典型的就是两个实力差距较大的企业之间的关系，弱势企业不能构成对强势企业的威胁，两者之间也无法建立合作竞争关系，所以一般保持共存关系。共存关系的有利之处在于企业所有活动不是以竞争为目的，而是以发展为目的，不用考虑竞争对手带来的威胁，可以独立地开发属于自己的新市场，获得更多的发展机会提升实力。其不利之处在于企业之间的这种共存关系，仅仅依靠企业道德来约束，没有可靠的保证，常常会因为一方的不当逐利行为，迫使另一方不得不加入竞争或合作行列，致使共存关系不复存在。

（2）合作关系。如果两个企业都对对方的技术或资源等存在需求，合作可以使它们各取所需，利用合作带来的优势获得超越其他竞争者的利益，但合作是有限制的，只是在某个方面的合作，并不是真的把两个企业融合在一起，它们之间互不信任，只是在契约的基础上建立的某种合作关系。合作能够把多个企业各自所具备的核心竞争优势和独特的能力资源结合起来，共享信息、技术、人力、物力资源等，以开拓更广阔的市场，创造和开发更优的新产品，与其他竞争者拉开距离。供应链上的企业借助合作中的技术互补、风险共担、分工协作发挥整体优势，在激烈的竞争中处于优势地位。

（3）竞争关系。当一个企业处于一个行业的领先地位，那么它对其他企业的依存度就不会太高，因为它已经具备竞争对手所有的大部分资源，甚至优于竞争者的资源，不再需要外部资源。在这种情况下，企业会更多地考虑如何与竞争对手展开竞争，从而获得更大的市场占有率、更多的利润和更独特的地位，使自身更难被超越。在竞争中，企业通常需要时刻关注市场的变化从而采取更高效、恰当的措施和调整供应链战略，找到更有利于企业发展的独特供应链，并以此在竞争中处于优势地位。在从竞争对手那里抢夺到更多市场份额的同时，企业也会损失大量的时间和资源。企业展开竞争的方式往往是简单而粗暴的，当某个竞争者找到了新的降低成本或提高质量的方法，或创造了一种新的产品、开发了新的领域，或拓宽了分销渠道和改善了供应链网络时，其他竞争者就会马上复制、模仿，甚至在此基础上加入创新元素，导致后来者居上。这是现如今存在的最为普遍的竞争反应模式，在这种相互追逐的竞争模式下，竞争企业在结构上会趋于相似，处于类似的供应链网络中，以相同的价格、相同的产品在同一个市场展开激烈的竞争。

（4）协调关系。当企业所处在的竞争环境中拥有竞争企业所稀缺的资源，且企业与其他竞争者地位相当，企业之间易形成协调关系，协调关系就是既竞争又合作的竞合关系。有时候，企业为了获得竞争优势，会通过与几个竞争对手联合起来，在某个领域或在某种程度上谋求有利于双方的共同发展，协调是一种最有用的方式。在供应链网络中，供应链水平方向上各个以供求关系联系起来的节点企业在产品生产上相互协调，适当的分配相互之间所要承担的责任与义务，并通过法定协议或诚信，保持各项工作的有序进行。由于各企业都致力于产品价值的提升，故而它们在创新产品、拓宽销售渠道、提升产品质量方面，都会各尽所长、相互支持、相互帮助。与此同时它们之间又存在着竞争关系。供应关系中，一方的强势会导致另一方在交易中的弱势，故而冲突就会随之而来，在这个时候，一切建立在友好关系上的非正式协议都会作废，真正发挥作用的只有那些处于优势地位的对供应链影响和控制力更强的企业。

以上所讨论的四种不同关系类型，在供应链网络中都是交替往复出现的，都取决于各联系企业间的利益关系，没有哪种关系能够始终保持下去，通常都是一种关系的形成或加强带来另一种关系的削弱或终结。

2. 供应链的核心企业水平位置

通常，每条垂直供应链都是在核心企业的管理和控制下运行的，根据每个核心企业的水平位置不同，就形成了不同的组织结构，一般可分为如下几种：

（1）以客户企业作为核心企业的结构。在该类结构中，核心企业位于供应链的最底端，专门从事产品的销售和客户服务方面的活动，因此一般在核心企业内具有发达的销售网络渠道，同时作为核心企业它可以利用接近最终客户的优势，在管理产品的设计与制造方面为各供应商提供有针对性的指导和控制。核心企业主要通过选择优秀供应商、生产作业的追踪控制来管理整条供应链。

（2）以产品或服务供应商作为核心企业的结构。在这类结构中，核心企业既是生产者又是供应者，掌握了产品生产制造中的独特优势，但是在原材料获取以及产品分销、客户服务等方面，缺乏足够的竞争力，所以需要依靠其他企业来配合销售和供应原材料。因此，核心企业在管理供应链时，重点是选择合适的经销商、原材料供应商以及通过供应链中的信息渠道了解产业发展现状、协调各配套企业同步运行。

（3）产品或服务的供应者和客户都属于核心企业的结构。在该类结构中核心企业几乎横跨整个供应链网络的水平结构，从供应链的顶端原材料供应到最底端的客户购买产品或服务都是在核心企业的组织管理和严密监控下，从产品的设计、生产、销售到产品或服务的对象整条供应链都只依靠一个少数企业组成的企业集团来提供整条链上的生产、服务。其优点在于核心企业能够了解和把握整条链上的经营管理，有利于统一管理和协调控制供应链各个环节上的合作衔接，有利于洞悉全局设计出最合适的产品。缺点在于链条比较脆弱，力量比较薄弱。

（4）以连接组织作为核心企业的结构。在该类结构中核心企业贯穿整张网络，在各个中小企业和大企业之间的贸易往来中发挥重要作用。该核心企业一般在众多中小企业和大企业中拥有较高的信誉值，并且规模较大，企业内具备各种高效的信息获取渠道，以至于他能够联合众多中小企业，形成与大企业均衡的优势地位，并通过核心企业与大企业能够建立合作伙伴关系，所以说该核心企业主要通过平衡和促进供应链网络中的贸易往来进行供应链的管理与控制。

四、供应链网络的结构类型

1. 按网络中供应链的交叉程度分类

（1）平行结构。如图 2–2 所示，各条供应链处于相互平行的关系，它们之间相互独立，互不干涉，但这些看似没有关联的链条其实可能同时与某个第三方机构存在关系，如银行、信贷机构、地方政府机构。

（2）完全交叉结构。如图 2–3 所示，这种结构中处于供应链每个层级的企业节点，与其上下层级的所有节点企业，都存在供应关系，但现实中这一理想结构极少存在。

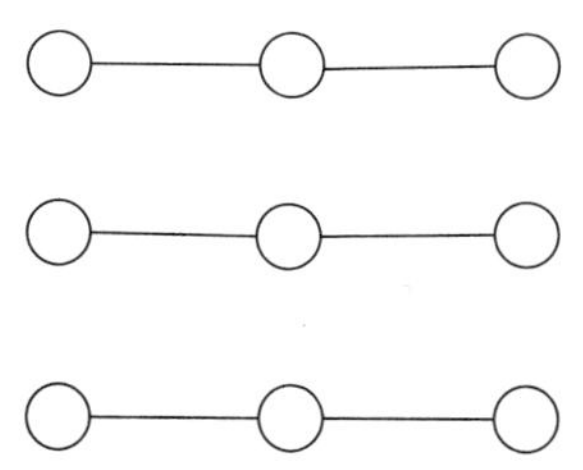

图 2–2 供应链的平行结构

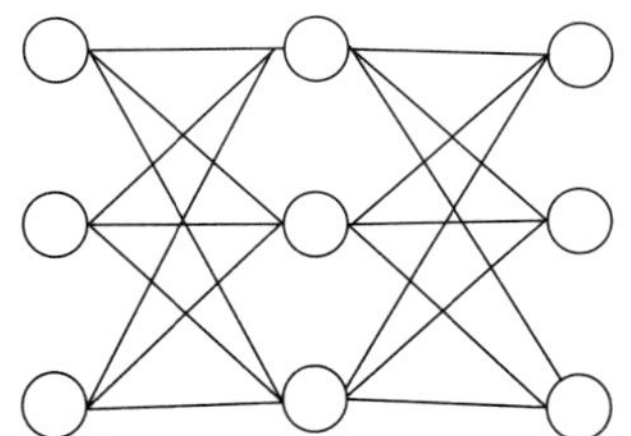

图 2–3 供应链的完全交叉结构

（3）部分交叉结构。在实际中，这种类型最为常见（见图 2–4）。

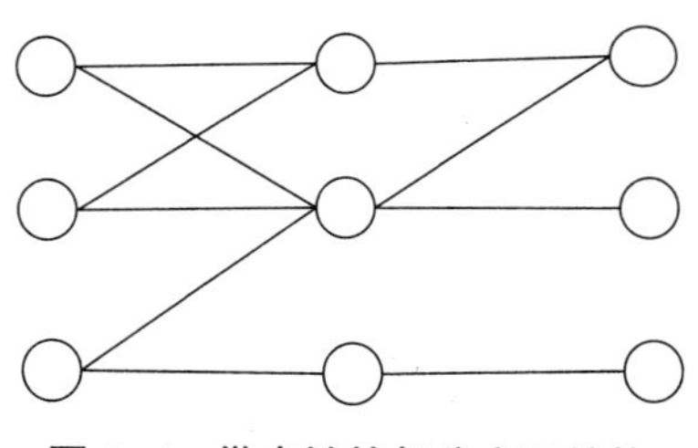

图 2–4 供应链的部分交叉结构

2. 按各级间的供求关系分类

按照供应链网络中各级之间的供求关系，可以将供应链网络分成以下两种类型：

（1）只有相邻级供求关系的供应链网络。这种供应链网络只有相邻两个供应链层级之间才存在供求关系，不涉及与其他非相邻层级之间的供求关系，一般的供应链网络就属于这种类型。

（2）非相邻级间存在供求关系的供应链网络。在现实情境中的供应链网络都是复杂多样的，各层级之间的供求关系是交错重叠的，既存在相邻级的供求关系也存在非相邻级的供求关系。例如，供应商甲是制造商乙的供应商，供应商甲在提供产品给乙的同时，作为制造商也需要供应商丙提供原材料，而供应商丙却需要从制造商乙那里购买生产工具，这样乙就成了丙的供应商，如果把甲、乙、丙分别当作供应链网络的一、二、三级的话，丙作为甲的供应商，但与甲并非邻级，而是隔了一级，所以非相邻级之间同样存在供求关系。除此之外，同级之间并非都生产相同的产品，也可以存在供求关系。

3. 按网络中有无闭环分类

按照供应链是否在网内形成闭环，可将供应链网络分为以下两类：

（1）闭环供应链网络。供应链的闭环通常呈现为如下两种类型：第一，由于地球资源的有限性，为了可持续发展，人类致力于提高物质利用率，节省资源，选择回收大量可再利用废弃物，使得这些废弃物经过回收处理再次成为产品或原材料被利用在产品生产中，形成了供应链闭环；第二，当供应链中的某个企业既充当原材料供应商或生产制造商、分销商，又充当供应链上的终端客户时，就形成了一个供应链闭环，并且这个企业一般会根据在供应链中扮演的不同角色，分成几个不同的节点企业。

（2）无环供应链网络。在这种供应链网络中不涉及上面所提到的闭环现象，供应链中的节点企业由最上层原材料供应商到最下层产品零售商，都不存在充当顾客的现象。

五、供应链网络的结构特性

1. 供应链网络结构的层次性

从理论上讲，供应链网络中的所有企业都是一个网络节点，但这些节点之间的联系是非常复杂交错的，每个节点之间既独立又相互依赖，还有的存在从属关系。例如，某些大型企业集团，集团内部包括许多子公司，还有各种独立事业部门等，集团内部本身就存在很多不同的供求关系，再加上集团与外部企业之间建立的供求关系，导致供应链网络复杂交错。其中集团内部的供求关系，是由企业内很多小节点构成的供应链网络，而与外部企业节点建立联系的往往只是企业内部的一个子公司或部门。从这个角度看，可以把供应链分为企业集团内部的子网络和外部的主网络。

2. 供应链网络结构的多级性

在生产制造上，各企业分工细化，供应链上的企业因为分工的不同，可细分为多种类型的企业，企业间的供求关系也变得越来越复杂。如果将供应链上的每一个企业当作网络节点，那么节点之间的关系往往是多级的，同种类型的企业处于一个层级，并同时与上下级节点企业建立供需关系，上下级同类企业越多，供应链链状网络分支越多，供应链层级越多，供应链网络越长，供应链网络越复杂，管理难度越大，网络更具灵活性、稳定性、弹性。

3. 供应链网络结构的交叉性（双向性）

供应链网络是由多条供应链交织组成的，几乎每条供应链的任意一个节点都要与其他的供应链节点以某种供应关系相衔接。供应链网络是由垂直结构和水平结构通过供应链节点衔接，交织成的一道纵横交错的网状结构。供应链网络的垂直结构与最原始的供应链网链结构相似，都是围绕一个核心企业形成的一条从供应链端原材料供应商经由产品制造商、中间商、分销商、零售商最后连接到最低端用户的网链结构。供应链水平结构形成的最显著特征就是网链中拥有多个核心企业，其他结构基本不变。所以说供应链网络中既存在纵向企业间的竞争与合作，也存在横向企业间的竞合关系。

4. 供应链网络结构的动态性

供应链网络上的节点企业通过物流、信息流、资金流建立联系，但各企业间相互联系的渠道和路径不是固定不变的，它们随着单个企业的改变，或者企业间竞争合作关系的变化而变化。例如，当一个企业通过创新，使得生产成本降低或者生产效率提高，企业就会借助降低产品价格或提高产量来获得更多的利益，这样该企业对上游供应商的需求产生变化，同时下游会有更多的企业想与之建立联系。另外，即使在没有任何技术和产品创新的前提下，节点上的企业也会为了追求利益，适当地选择放弃与某些企业的联系或与其他节点企业建立新的联系。

5. 供应链网络结构的跨地域性

随着网络电子信息技术和交通运输条件的不断发展与改善，供应链网络结构的范围已经超越了地域的限制，建立了全球范围内的跨国供应链网络，将世界各地的相关企业联系起来，为节点企业间建立联系提供了更加多样和宽泛的选择，不但加剧了企业间的竞争，也为各企业在业务运作上带来了更多的合作选择机会，不仅加快供应链网络中的物流、信息流和资金流运转速度，供应商、制造商和分销商之间更加密切而多样的联结方式，也为各个节点企业的运作与发展创造了更多的效益。但是，供应链网络的扩大化、复杂化，使得企业面临的外在威胁也不断增加，而且跨地域的复杂供应链网络管理和节约运输成本问题也将成为更加严肃的挑战。

第三节　供应链协同相关研究

随着现代社会不断发展，科学技术进步日新月异，社会需求千变万化，传统企业越来越难以适应时代翻天覆地的变化。一方面，以当前的市场需求来衡量市场供应，传统的企业无法应对越来越复杂的客户要求；另一方面，当下市场竞争越来越激烈，要想在市场中取得优势，势必要降低产品成本、缩短产品周期、提高产品质量等，这也是传统企业难以做到的。我们有足够的理由预见协同合作将成为各个企业未来的发展趋势，就目前形势来说，一个成功的供应链运作不仅需要供应链上各个企业内部配合精准高效，更重要的是供应链上平行的各个企业节点也需要积极高效地协同合作，才能足以适应当今市场高速的运转节奏以及多元化的客户需求。供应链协同就是这样一种适应现代市场环境的理论策略，它通过整合行业中多个企业节点协同合作，以追求整个供应链运作的质量与效率。自提出以来受到了国内外学者的广泛关注，主要成果集中在供应链协同概念与作用、供应链协同模型、供应链协同策略等方面。

一、供应链协同概念与作用

关于供应链协同概念，国外一系列学者做出了详尽的探索与阐述：供应链协同是通过企业相互联系业务以实现资源共享，包括企业内部的协同和企业外部的协同（Thomas et al.，1996；Stank et al.，2001；Manthou et al.，2004）。

在供应链协同的具体作用上，也有不少学者为此提出较为系统的理论，并且这种作用随着社会发展也逐步延伸，发展出更加丰富的内容：供应链协同有利于收益共享，有利于生产、运输与库存的合理有效组织（Cachon et al.，2005；Kanda et al.，

2008；Karakitsiou et al.，2008），能够增强供应链弹性（Scholten，Schilder，2015）。结合目前的现实来看，供应链协同策略的发展，不仅仅是一种对于外部环境变化的适应，同时也对于企业维护自身竞争优势，争取自身发展产生了巨大的影响与作用。

1. 从社会与市场因素的变化来看待供应链协同的作用

新时代背景下，市场竞争日益激烈，伴随着科技进步和市场机制的逐步成熟与发展，客户的需求也随之不断变化，渴望获得更加多元化以及高质量的商品。在这种条件下，市场中供应链与供应链的竞争就势必会主要集中在时效性、前瞻性、灵活性方面上，而刚柔兼备供应链协同策略正好能够有效地回应这种需求趋势。

供应链协同策略要求供应链中的各个企业节点保持高效的业务联系，以实现资源共享。这种高度的资源共享与传统供应链相比，多元的资源整合有效地提高了供应链整体性能。一方面，资源整合大幅提高了供应链对于市场的敏感度，能够快速地对客户需求做出反应，并且能够协同各个节点企业针对不同的要求作出不同的调整，最大程度地满足客户需要。另一方面，供应链协同策略提高了企业对市场需求的响应效率，缩短了供应链反应提前期、降低了成本、提高了库存周转率和收益，并且信息共享能够使企业最大程度地避免“牛鞭效应”，从而能够相对理性地对市场需求进行合理评估与预测，降低资源浪费，减少运营风险。

2. 从企业自身发展角度来看待供应链协同的重要性

供应链协同策略对于企业本身来说也具有较强的推进作用，这种促进作用的发挥同样是基于各个企业节点资源整合与协作为基础的。首先，供应链协作能够有效促进供应链上的节点企业技术创新。协作理念有效地为供应链上的各个企业商业运作压低了成本、降低了风险，同时也有利于不同方面的人才整合、技术整合、资金整合、信息流通等，这些因素能够使企业及时更新和改进产品以更好地适应现代市场，为企业带来竞争优势。其次，供应链协作能够使供应链内各个企业工作人员素质得到提高。供应链协同所带来的企业节点组合，要求各企业领导人不仅需要高度关注本企业自身发展情况，同时也需要兼顾到外部环境，协同其他企业节点进行合作与发展。这种环境要求管理者掌握更加先进的管理理念与技能，推动领导者综合素质提高。同时，节点中的员工为了适应供应链协同策略与企业发展需要，也必须加强自身素质建设和能力培养。

二、供应链协同模型

从 2000 年开始陆续有学者关注了供应链中不同节点企业间的协同运作模型（Sabri et al.，2000；Giannoccaro et al.，2004；徐琪、徐福缘，2003）。有些学者根据现实供应链管理的难点、薄弱点，对供应链模型进行了延伸研究，例如，唐小波、黄媛媛（2005）针对如供应链主体利益矛盾等协同供应链管理瓶颈，详细阐述了有关供应链协同战略和协同绩效评价模型。宁方华等（2007）着眼于时间与资源成本这两个限制物流协同效果的因素，提出了任务协同模型，并且为了加强协同效果与决策办法选择，提出了病毒进化求解算法。魏炜、申金升（2010）基于达到更为精确的市场需求预测，提出了一种综合纳什均衡和贝叶斯更新模型的供应链协同模型。马士华、李果（2010）则基于供应链上游的供应风险，研究了供应商在随机产出条件中，两供应商—单制造商系统在溢出库存惩罚下的风险共享协同模型。朱晓宁等（2014）针对供应链中产品设计开发这一环节，研究了供应链协同的产品设计与开发模型。Long（2016）针对目前关于协同决策的研究中所出现的由于没有清晰有效的决策系统，从而导致的决策定位不明确、决策过程模糊、决策方案可操作性差等一系列问题，提出了基于供应链协同中资源要素流动的三维协同决策模型。

了解供应链协同模型，首先需要对整个供应链系统进行分析，供应链系统是一个由多项子系统构成的复杂系统。一般来说，供应链系统分为纵向角度的供应链节点企业运营流程以及横向角度的跨企业流程两个维度。

从纵向角度来看，供应链的每一个节点企业都包括商流、信息流、物流、资金流、知识流等资源要素。各个节点企业子系统对自身“五流”进行调整与改善，更好地满足终端客户需求。从横向角度来看，供应链上各个节点企业的商流、信息流、资金流、知识流等资源要素在市场体系之间或者是供应商至最终客户之间的交互运作。两个角度的子系统联系紧密，共同构成了完整的供应链体系。

参考协同学理论的观点，结合供应链系统结构要素来看，供应链协同主要是协同链自我演化，从而使供应链内部各个子系统实现有序运作并且达到稳定的过程，各个节点企业的商流、信息流、资金流、知识流等要素相互协作和配合，使整个供应链达到一种稳定的协同效应。

供应链协同模型以供应链中的5个基本流以及供应链协同机理为基础而构建，在该模型中，通过商流、信息流、物流、资金流、知识流的运作实现各个供应链节点企业间的相互作用。通过系统整合两个或多个节点企业内部与某一种“流”相关的资源要素并使其相互运作，这样的一种资源运作流程构成了企业节点中“流”的运作。在供应链节点企业间，商流、信息流、物流、资金流这四个流的资源要素直接相互作用，而知识流资源要素则不同于其他四流，每个企业节点都有其自身与众不同的知识流资源要素，这些要素通过作用相邻节点企业相互影响，从而与其他四流相互作用。

由此可以看出，供应链协同过程同这些资源要素都有着密不可分的关联，是一个通过整合供应链上节点企业间商流、信息流、物流、资金流、知识流从无序独立运作到有序协调运作的过程，并且供应链节点中任何一个流的有序度的高低对整个供应链协同水平有着重要影响。例如，在一个供应链协同过程中某一个“流”的有序程度低，那么即便是其他“流”的有序程度比较高，整个供应链系统的整体协同程度也就会因这一较低有序程度的资源要素流而下降。

三、供应链协同策略

供应链协同在今天的供应链管理中有着不可或缺的作用，但这种协同方式并不是单一的，不同的企业和领导者，会根据具体情况并结合自身经验或者知识理论，有侧重地选择不同供应链协同策略。在供应链协同策略方面，近年来越来越多的学者陆续关注了供应链中不同问题的协同策略，主要包括库存协同策略，Chaharsooghi 等（2010）基于供应链库存管理中的订货数与再订货点两大因素，提出了一种基于信用期权的激励机制，以鼓励买方参与协调模型。熊浩等（2014）以供应链中的生产商—销售商联合生产库存系统为切入点，以最优订货策略为目标提出二级供应链系统的三阶段协同订货模型。计划协同策略，杨凡等（2007）在计算机集成制造系统（CIMS）理论的基础上提出了基于协同订单管理平台（COMS）的 CRM 与 ERP 集成模型。张翠华等（2008）基于供应链中存在独立决策单元的集中决策所存在的不足，提出分散决策供应链生产计划协同策略。黄焜等（2011）基于客户需求不确定与供应商生产商品的具体情况下，探索制造商何时向供应商下达零部件订单最优，以及供应商的最优生产决策问题。物流协同策略，刘炯艳（2007）提出了基于多 Agent 的协同物流系统。谈冉等（2007）以协同物流商务为切入点，提出了协同物流商务系统相关协同模型并对其功能进行分析。谢磊等（2014）通过验证因子分析和结构方程模型等方式，对供应物流协同与合作伙伴关系、信息共享、供应链敏捷性之间的关系及其对供应链企业绩效的影响进行统计与分析。知识协同策略，向晋乾等（2005）以供应链知识为对象，阐述了企业中供应链知识协同的七大作用机制，相互作用的结构原理及过程。张省（2014）通过绝热消去法确定知识链协同过程中的起支配作用的序参量，构建知识链协同机制理论模型并提出相应管理策略。契约协同策略，夏蔚军、吴智铭（2005）提出以利润共享和买回契约组合而成的混合契约方案，使得供销双方互利共赢，达成协同。魏晨、马士华（2013）以供应链上游供应风险为前提，提出了供应商产出随机下基于风险共享的供应链协同模型。侯玉梅等（2013）以带有供应商促销的供应链为研究对象，结合博弈论与静态比较法，构建基于供应商促销与销售努力的供应链协同决策。Saha、Goyal（2015）基于供应链契约协同中的库存和价格等因素，提出了与库存水平以及零售价相关的供应链协同契约。

另有部分学者提出供应链中需要构建协同管理信息平台（Abuhilal et al.，2006；陈志圣、黄立平，2007；裴玉玲、徐世六，2009）。少数学者关注了供应链协同机理与模式研究（闵新平等，2016；吴绒、白世贞、吴雪艳，2016）。

第四节 集群供应链相关研究

产业集群与供应链都是适应新时代市场环境背景下发展出来的新的经济组织形式，产业集群能够有效整合区域内资源，集聚区域竞争优势，对于推动区域乃至国家经济发展起到非常重要的作用。供应链能够有效地链接企业的上下游企业，使得各个企业结合成一个整体，优势互补，以提高企业适应力与弹性。随着相关领域研究逐步成熟，人们开始将眼光投向这两种能够有效提高企业竞争力的组织形式上来，通过整合产业集群和供应链以达到更加理想的组织形式，集群供应链的理论应运而生。

集群供应链作为以集群为平台的供应链网络集合体，是产业集群和供应链的有机结合，产业集群和供应链的相关理论都是研究集群供应链必不可少的基础，但国内外对集群与供应链耦合而成的集群供应链的研究起步较晚，有关文献相对薄弱。部分国外学者关注了集群中的供应链管理决策问题（Bozarth et al.，2007）、物流网络（Bosona et al.，2011）、集群供应链网络合作（Reveiu et al.，2013）。近几年受产业集群现象及供应链网络研究热潮的影响，关注集群供应链的国内学者及文献也越来越多，主要集中在集群供应链组织模式和集群供应链协作模型等方面。

一、集群供应链组织模式

集群供应链组织模式同样也不是单一的，不同的目标，不同的产品类型，不同等级的产业集群配合不同类型的价值链等，这些都会产生不同的产业集群组织模式。

关于产业集群的模式，我国也有众多学者从不同的角度作了细致的阐述。黎继子等（2005）以中国苏、浙、粤三地不同的纺织服装产业发展特点与缺陷为落脚点，详细阐述了全球价值链与地方产业集群的供应链整合的三种模式；霍佳震、吴群、谌飞龙（2007）提出了系统的集群供应链网络组织理论；陈建军等（2009）分析了集群供应链演化过程中组织适应力变化的原理，构建了基于模块化的企业两面性组织结构；杨瑾（2011）分析了复杂产品设计与制造的特点以及集群供应链系统组织的特征，在此基础上提出了适合复杂产品设计、制造与产品服务的集群供应链系统两阶段组织模式。

二、集群供应链协作模型

在集群产业的大背景下，对于供应链系统如何设计、供应链如何发挥其应有的作用、现有的供应链设计体系适应何种市场环境等一系列问题，不同学者通过不同的角度对其进行了探索和研究，傅培华等（2013）在具体分析集聚型供应链网络动态演化特征的基础上，提出了基于度与路径优先连接的集聚型供应链网络演化模型，弥补了优先连接仅依赖于节点度值的不足；黎继子等（2008）从两条单链的集群式供应链出发，在单链纵向合作的基础上，建立了基于两条单链跨链横向不合作和合作供应链设计模型；施国洪等（2009）以集群式供应链多级跨链间库存管理协作为研究对象，运用系统动力学仿真方法从新的角度分析了相同链节之间库存互补模型和不同链节之间库存互补模型；唐喜林等（2009）从产业集群背景下出发，分析多条供应链博弈关系对集群产业发展的影响；朱海波等（2013）以客户需求不确定性为出发点，考察供应链零售商之间跨链间库存协作问题，并提出了跨链间库存协作机制；刘春玲等（2013）以集群产业链为背景，不同异质供应链跨链间采购成本为出发点，提出集群式供应链无契约跨链采购模型和基于有限超储契约下集群式供应链跨链采购模型。

第三章

制造业集群供应链网络

随着时代的发展，便捷的网络与物流使得世界各国各地区间的联系更加频繁、密切，市场需求更加多变。为满足消费者越来越复杂多变的需求，原创个性、增加品种、快速更新成为企业扩张市场的重要手段。我国的大多数制造业企业是典型的“独立生产型”制造业，生产方式固化，产品类型单一，生产效率和经济效益是企业追求的首要目标，产品原创性低，对更新的关注较少。为了使企业得到发展，与其他企业的合作似乎成为了一种必然。马士华（2000）认为供应链是由供应商、制造商、分销商、零售商和最终用户组成的一个网络，这个网络的功能是将物流、信息流、资金流从采购原材料开始到制成相关产品再到通过销售网络将它送到最终用户过程中的各项周转及控制管理。供应链网络是将供应商、制造商、分销商、零售商，直到最终用户连接成一个整体的功能性网链结构。它不仅是一条连接供应商到用户的物流链、信息链、资金链，而且是一条增值链，物料在供应链上因加工、包装、运输等过程而增加其价值，给相关企业带来收益。

单个企业越来越难以适应市场变化并对市场需求做出迅速的反应，他们不得不寻求与其他企业的合作。多个相关配套企业围绕着核心企业提供服务形成的产业集群为独立企业找到了摆脱困境的好方法。不同功能的企业间加强合作可以实现资源共享，充分发挥供应链网络上不同环节企业的自身优势和核心竞争力，可以在节约管理成本的情况下，实现收益的共享和风险的共担。

第一节 制造业集群供应链网络构成主体的定义

供应链网络和产业集群加强了企业之间的联系，缩小了企业之间的地理距离，生产程序上有关联性的企业交往更加便利、密切，对企业间合作提供了便利的条件。供应链网络是由核心企业与为核心企业提供服务的其他企业共同构成的，这些组织运行产生的影响贯穿整个供应链网络，始于生产终于消费。产业集群形成的供应链网络犹如自然界的生态系统，供应商、制造商、经销商在链中传播共享信息流、物流、资金流等资源和服务。在这种网络生态系统中，由上下游企业将物质、资金和信息等各项资源通过生产、运输等各种流通过程进行不断的调整发展，以形成企业间的协作共生关系。随着这种共生关系的发展，该生态系统创造的绩效会出现非线性的快速增加趋势，而系统整合的大小程度又与企业间合作的深度以及信息共享机制的发展情况密不可分。众所周知，集群企业间的合作与供应链网络息息相关，相辅相成。集群企业间的合作就是位于供应链中上游的零部件和原材料供应商、中间产品的制造商和加工商以及下游遍布各处经销商和零售商之间的贸易联动，除此之外还有政府、高校、社会机构、金融机构及其他辅助性产业为核心企业的生产提供相关的必要服务。同时，集群企业间的大范围、大规模合作，又为供应链网络的形成提供了条件。

集群供应链网络是一种综合了市场和企业的网络组织形式，这个组织的结构轮廓呈网络状，有别于传统企业之间的单链式结构，在网络轮廓的基础上是有向的链状架构。产业集群是大多数学者专家以及社会上大多数人公认的能够提高区域竞争力的有效组织形式，这种模式被多个地区和国家引用。产业集群既有网络组织的结构特点，又有供应链的系统特征。从网络式供应链的角度来看，产业集群就是众多不同规模的企业和组织机构在某一地域集中并形成分工协作关系，通过相互作用于同一产业价值链的基础上有机聚合而成的有向网络集合体，并形成强劲、持续的竞争优势。在集群中企业是集群的单元，他们都依附于集群的场效应，而不是松散的、游离于集群场效应之外的简单集聚。换句话说，产业集群是基于纵向企业高度发达的分工协作，横向具有相对完整的产业链而形成的组织。

制造业集群供应链网络是指以制造业企业为核心的不同企业围聚在某一区域，并形成分工合作关系的有向网络集合体，其中的合作方向可以是单向的也可以是多向的。

第二节 制造业集群供应链网络主体分类

一、按供应链流程分类

从供应链网络流程来说，是按照供应商、制造商、分销商、零售商和最终用户的顺序依次递进的，供应环节是起始环节，制造、分销与零售环节是中间环节，产品到达最终用户的环节是末尾环节，按照流程进行分工合作，推动集群良性发展。从各企业在发展中的战略地位来说，可以将供应链网络中的主体分为主导企业和辅助企业两个部分，主导企业是集群供应链网络的核心、龙头企业，核心企业周边的辅助性企业为核心企业提供资源、技术、信息等服务，形成供应链网络。按照企业生产采用的技术水平分类，可将制造业企业分为高端企业、中端企业、低端企业，集群中的高生产水平企业通过与生产水平位于中低端的企业签订合同并进行合理的利益划分，可以在资源共享时为中低端技术水平的企业提供更加先进的生产技术和管理理念，从而促进整个集群的发展。

1. 供应主体

在制造业集群供应链网络中，供应商企业既位于供应链上游部分的起点，又位于整个供应链网络的起点，供应商按照制造商的要求，为其提供原材料、半成品、成品，它的作用至关重要，因为在某种程度上生产材料的供给决定了供应链是否能够流畅运作。能够提供充足生产材料的供应商是为企业提供正常生产运营条件的关键保证，它能够保证整个供应链网络的畅通运行，也可以避免因缺货、次品等非自然因素为企业带来的风险，从而减少各方面的损失，同时能满足企业需求的供应商能帮助企业增加销量、减少库存、节约采购成本。与优质稳定的供应商合作有助于提高企业的整体效益，在供应链管理理论中，企业应与供应商建立坚固稳定的战略合作伙伴关系。与专门负责为企业提供生产材料的传统合作模式不同，供应商应尽可能参与到企业产品的开发和制造流水线技术的改进中，不仅能帮助企业降低制造成本，还可以利用技术创新手段实现效率的最优配置。供应商的合理选择对一个企业未来发展的战略布局也是至关重要的。供应商企业为核心企业提供半成品零部件等，关键供应商的供货能力与核心企业的生产能力有相当大的关联性，所以供应商对核心企业来说具有举足轻重的重要地位。供应商关系管理是一种用来改善企业与供应商关系的管理理念和软件系统。供应商关系管理作用是与供应链的上游企业实现业务往来间的紧密联系和协同运作、减少库存、降低成本、缩短产品开发、生产和投放市场的周期，结成长期、稳固的战略伙伴关系，使供应商和其资源能够有效地参与到其产品设计和生产制造甚至是投放市场的过程中。

2. 生产主体

生产环节作为制造业集群供应链网络中的关键环节，对整个供应链网络有至关重要的影响，专业设备供应商为生产环节提供专业的生产设备，产品生产商负责产品生产、开发和售后等服务。

广义的生产商是一个综合性概念，除了产品的生产以外，通常还从事营销、商品流通及出口工作。本书生产商的功能更偏向于产品的生产功能，生产足够的商品满足市场和顾客的需求。设备供应商则负责生产设备的提供与保养工作，企业使用专业、先进、配套的生产设备能形成专业化的流水线，可以提高生产的自动化程度。

（1）制造业产品的生产具有重复性和连续性，通常需要传统制造业手工生产费时费力，采用自动化设备生产能够减少手工操作提高生产效率。制造业企业为提高经济效益，首先要提高的就是生产效率，效率的提高有赖于工人操作技术的熟练程度与个人劳动效率。在劳动强度增加的情况下，熟练的工人会选择要求企业增加工资，或者跳槽去工资待遇更好的企业，这两种情况都会增加企业的工资性支出。制造业企业的工资性支出在产品的总成本中所占比重较大，以专业的机械生产代替手工，还能节约花费在人力劳动上的工资成本。

（2）高科技机械设备能通过精准的测算和调节把握生产过程中原材料使用的配比，在原材料的使用与消耗上比人工估算得更加精准，能够减少原材料的浪费。

（3）先进的生产设备能够缩短商品的更新周期。新产品开发出来后，在有机械设备的情况下，能够及时投入生产，设备越先进，产品的更新周期越短，越能够适应市场需求的快速变化。

（4）制造业企业的机械设备越全面、越先进，生产越高效、分工越细化，效率高产量大，能保证供应链网络的顺畅运行。

3. 销售主体

制造业供应链网络销售主体有分销商和零售商。分销商负责建立销售渠道将产品销售给交易网络范围内的消费者和零售企业，零售商又进一步将产品销售给有购买需求的消费者。

（1）分销商可以建立多种形式的销售渠道，为生产商分担库存压力，总结反馈消费者需求，也为企业减去了货品销售方面的压力。同时，生产商为分销商提供足够的货源，分销商能在零库存的压力下进行商品的销售，专心推广商品，与生产商在销售合作方面建立一个良性循环。

（2）零售环节是商品与消费者直接接触的一个环节，能够直接、及时地获得消费者的需求信息，但是零售业面对的消费者市场也是瞬息万变的。随着市场需求的变化，供应链也会发生变化，为保证供应链的竞争力，零售商要及时向生产商反馈消费者需求和消费偏好，促使生产商改变生产模式和经营策略以适应市场需求。

4. 物流主体

现代交通运输越来越便利，本来起辅助功能的物流企业变得重要起来。一般来说，大型制造业都有自己专门的物流渠道，中小型企业则需要与专门提供物流服务的物流公司合作以满足将本企业生产的产品运输到全国乃至世界各地的需要。在集群式供应链中，既存在顺应供应链方向，在不同供应链节点企业之间进行运输服务的纵向物流活动，又存在为单链式供应链间，具有同样功能的企业之间进行运输服务的物流活动。产业集群的显著效应吸引了大批与核心企业相关的中小企业，企业间的交易也产生了大量的物流需求，产业集群也受到物流协作发展的影响而不断完善并进一步提升。

为集群式供应链系统建立现代物流协作系统有以下两点作用：

（1）可以降低供应链系统中企业间的交易成本。在现代物流还不发达的时候，大型企业可以通过自己的物流渠道运送产品，物流可根据自身的运输需要进行调节，减少运输成本增加自身的经营优势，其市场范围相较需要依托运输公司进行产品配送的中小型制造企业更大，运输成本更低廉。现代高效的物流系统能够节约运输成本，提高商品运输效率，提升客户满意度，减少生产企业的库存。

（2）可以提高集群式供应链的集聚效益。从物流企业的功能来看，供应物流、生产物流、销售物流和回收物流是物流活动的四种形式，通过合理高效的物流运输活动，能够为供应链上各个环节的企业节约交易成本，帮助生产企业和销售企业销售产品，减少库存，形成共享物流价值的利益共同体。物流方向在集群式供应链网络中存在两种不同的形式，一是偏向为处于供应链相同环节的企业提供物流服务的横向物流，二是偏向沿供应链方向为处于不同环节的企业提供物流服务的纵向物流。合理高效的物流环节的建立对集群供应链网络的整体顺利高效运行有促进的效果。

5. 消费者主体

消费者行为又被称为消费者购买行为，指人们为了满足个人的生活需求或生产需要，购买自己需要或偏好的产品或服务时所表现出的各种行为。消费者是制造业供应链网络最终环节，是企业产品的最终归宿，但是产品被消费了并不代表企业生产的结束，而是新的开始。消费者对产品是否满意、是否有新的需求都是企业产品生产需要关注的方面。根据分销商和零售商的反馈，对消费者主体的消费行为、消费偏好进行观察与细分，能够帮助详细分析消费者的心理活动、购买需求、购买动机、消费习惯和消费倾向，可为企业调整生产策略提供方向，有助于企业进行市场细分和市场定位，为企业选择目标市场提供依据。从经济学的角度来看，消费者购买企业生产的产品是资金链中现金资产的环节，为企业进行再生产提供充足的资金资本。如果消费者拒绝消费产品，企业资金得不到回笼就会造成资金链断裂影响企业再生产甚至导致企业倒闭。

二、按战略地位分类

从图 3–1 可以看出集群式供应链网络可分为主链和辅链两个部分，整个供应链网络中的核心部分即集群式供应链网络的主链，由供应商、制造商、分销商及顾客组成，是按照简单的产品—现金方向进行运作的，体现了产品供应过程中各个企业的上下游关系，辅链是围绕主链提供各种服务的辅助性企业，其中包含物流企业、行业协会、信息中心、高校和科研机构等，为保障主链的流畅运行提供科技、信息、运输等服务。

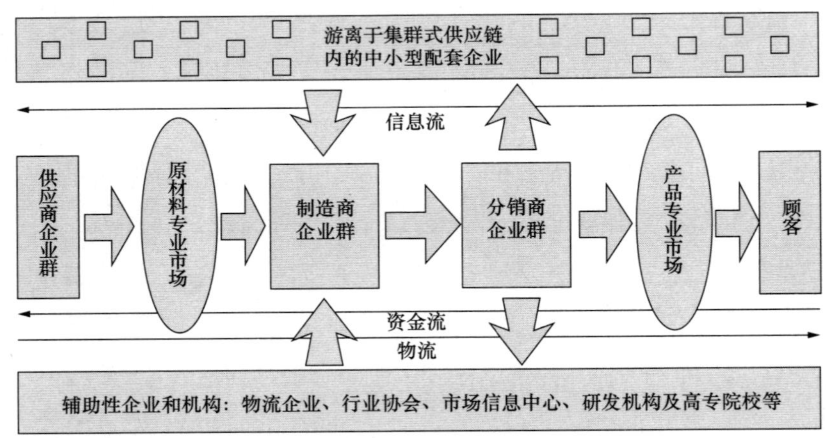

图 3–1 集群式供应链网络结构

1. 主链企业

供应链网络主链上的各个企业都有其重要存在价值，从供应商提供原材料到生产商制造产品，到销售商将产品销售给顾客，最后将顾客为购买商品支付的和货款作为累计的资本继续投入企业。主链企业的生产循环只能是为了维持产品的生产与再生产。

2. 辅链企业

辅链企业单独运行能为自身带来经济价值，与主链企业合作时也能为主链企业的生产活动带来价值增值。

（1）知识服务主体。制造业供应链网络中，有知识提供功能的主体主要是集群中具有创新能力的高校和科研机构。高校和科研机构的创新和反应能力对知识服务的提供有着直接影响，它们能为企业提供科学合理的管理手段、先进的技术。生产型企业要实现长远的发展，就必须开发自己的核心技术，然而由于市场、专利等因素，核心技术的开发需要注重实效性。从理论上来说，企业自主研发新技术，能够获得高额的垄断利润，但是从现实的角度来看，独立研发的成本巨大、耗时长、风险难以预测，与高校、科研机构或技术类企业合作能够降低成本、缩小研发周期并降低风险。

（2）信息主体。信息主体是指以政府政策、新闻、公关媒体、网络推手等，能够提供市场信息、引导市场取向，为企业指明生产方向的一个综合性概念。提供优质、及时的信息能引导企业做出正确的生产决策，在生产方向正确时提升经济效益，在生产方向错误的情况下及时止损，为整个供应链网络的发展起到促进的作用。

第三节 制造业集群供应链网络联结模式

综观制造业经济的全球发展史，集群供应链网络规模协同模式的不断优化是推动制造业发展的重要因素。传统制造业主要是承担商品加工环节的责任，而在这一时期零售环节主导商品在整个市场进行流通。生产商很难精准了解到消费者的购买需求以及实际购买力的大小，因此很难预测每一季度产品的生产数量，导致产品在市场中供求不对等，使商品的流通受到一定阻碍，所以制造业自身的产业集群供应链网络的产生有其必然的历史因素。

集群供应链网络作为桥梁联结着制造业产业集群和供应链，

在促进产业升级的同时也提升了集群的核心竞争力与凝聚力。集群供应链中的核心企业具有非唯一性使供应链在该地域中有单链和多链之分，同时集群供应链还具有生产同业性特征，这使整个地域的生产有一定的相似性。根据上文，制造业集群供应链网络的不同类型是依据在同一产业中同一环节的核心数量的多寡，或者相关产业的上下游企业集聚到一个地方来决定的。

制造业集群供应链的集聚，通过对资金流、信息流、物流一系列环节的控制，供应链围绕制造业核心环节，将供应、制造、分销和零售等环节在供应链中相互整合，促使企业间在竞争中谋求合作，在合作中增加良性竞争，为形成基于块状的集群供应链夯实根基。制造业集群供应链网络的联结模式除了受市场机制的潜在影响外，还受到不同类型制造业集群的直接影响。因此在不同的制造业集群中，供应链也有着不一样的特征，考虑制造业集群的类型可结合各供应链的特征时，可按照供应链复杂的交叉情况以及集群区域内核心企业的数量，将制造业集群供应链网络联结模式分为单核集群供应链网络联结模式和多核集群供应链网络联结模式两种类型，再分别就两种模式探讨其区别与特征。

一、单核集群供应链网络联结模式

在当代的各种制造产业内，单一联结方式的各类形式基本上形成了某个企业为主导的纵向产业链联结模式。单核式网络（见图 3–2）只有一个大型制造企业在整个集群内作为核心点。整个集群的运作以单一核心制造企业的生产为主线的集群供应链就被称为单核集群供应链网络，这种供应链网络在轴辐集群中，众多的从属企业发展运作都围绕着一个核心企业，日本的丰田汽车城的集群供应链网络模式就是这种类型。一般情况下，在整个产业集群中，核心企业以

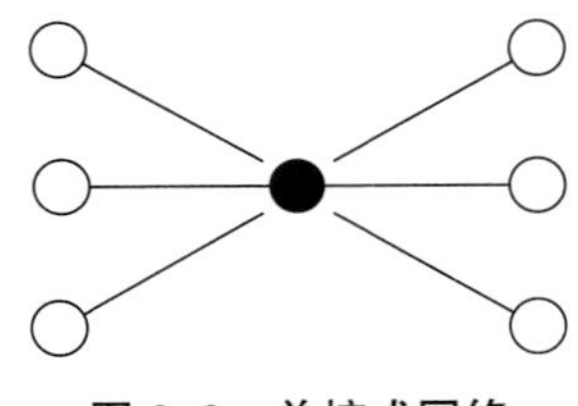

图 3–2 单核式网络

自身强大的品牌优势和强有力的技术水平，能够掌控整个产业链的运作，并给周边的相关企业加以指导。其他相关企业在核心企业的带动下，一方面可以根据要求提供一些加工制造零部件的服务；另一方面小企业自身作为独立的个体，可以独立生产，在自身发展的同时也可以为整个集群的运作带来效益。

1. 采购联结模式

单核制造业的采购在企业内部通过分工与整合来进行，在企业与企业之间则是通过供应链的纵向联结，逐步形成一个供应链。采购主要有以下四个目标：一是采取合理管理货物的手段来创造附加值；二是与供应商签订管理联结计划，找到合适定位的供应需求；三是对成本构成的优化，选择外包手段来提高生产效率增加经济效益；四是使整个企业拥有更加战略化的管理来控制其成本。

采购联结模式在趋于合理化的过程中，就要求制造企业在三个方面进一步完善。第一，核心制造企业在供应商管理方面，要加强管理机制体制建设，确保形成一个可运营的有效供应链。第二，采购要朝合理化方向发展，核心企业通过自身提高采购绩效和规范采购行为使采购量和库存量信息公开透明。因此，核心企业要考虑建立一个集约化采购组织，并且通过统一实施管理来进行信息集中。第三，企业要对负责采购管理的相关人员进行绩效考核，确保人员自身的技术和执行力水平能够使采购联结模式的运作有效。

2. 设计联结模式

在单一制造企业与不同客户合作时，供应链服务应当如何设计与提供才能更好地配合与联系至关重要。首先，在降低设计产品成本的同时，可以将创新的想法运用在生产过程中，以使企业在新产品开发方面占据一定市场份额，做一个理性的判断者，这不仅关系着企业在资源和时间配置上更加有效率，而且也能确保新产品在整个开发运作上保持常态化。其次，核心制造企业在与客户沟通时，必须具备一定的协同能力，一方面促进与供应商的联系，另一方面帮助探讨出更加完善的改进措施，用以达到客户的要求，进一步完善整合采购和设计环节，使新产品在激烈的市场竞争中得以发展。最后，制造企业应尽可能掌握新产品的研发技术，利用一系列标准化的流程对产品设计过程进行优化配置，规范整个产品的设计与开发，使单核制造企业的设计联结模式更加适应市场的规范。

3. 制造联结模式

在通过了优化产品设计的流程之后，要促进各个其他环节的改进与监督，确保实现生产全过程的精益化和高效化。在整个生产过程中，先进的制造能力可以促使整个联结模式下供应商和制造提供商的市场竞争力。通过制造联结模式，企业可以在提高质量控制的基础上，将利润和质量转化为生产绩效。同时，现代许多制造业会选择外包加工，这样也是优化成本的制造联结模式，在确保制造生产的灵活程度的同时，也是为加工成本结构的优化提供了一个有效的参照模式。

4. 物流联结模式

在物流联结模式方面，单核制造业一般都会建造一个较为集中的物流联结网络，越集中的网络模式可以更好地适应和满足客户灵活多变的业务需求，这类物流联结网络通常在结构和成本方面相较其他网络具有充分的灵活性和可调试性，在将一些与核心业务无关的运输业务承包给第三方物流服务提供方，他们更加专业化和系统化，将核心物流服务的提供商与相应供应链环节进行联结协同，使整个物流网络中的每个环节以及产品的物流信息都可以实时监控，来控制降低物流网络异常现象。在物流业发展进步的当下，单核联结模式的制造业更应选择将物流外包业务扩大化，这样有助于降低整个制造过程的生产成本，使供应链的灵活性得到更大程度的提升。与此同时，在不断重组和优化物流的过程中，使物流订单的周期时间缩短，保证了订单的准时交货率。另外物流技术的提升已经成为提高企业与各部门之间物流信息流转速度的重要保障，货物在物流链网络中的可视度和透明度得以保证，实现端与端的供应链集成体系的同时还确保工作的透明度和信息的高效传递。

5. 销售联结模式

在市场的快速变化发展中，整个供应链网络联结模式紧密联系，使得制造业在与客户签订销售计划时，可以快速地调整应对客户需求变化，做好销售部署的同时，根据市场上客户的实际情况，有依据和针对性地制定相关的销售细则。这样差异化的供应链联结下，可以扩大市场的范围和占有比例。在开展有效的销售联结模式下，单核制造业要从内外两个方面入手。首先，在内部要进行有效的组织整合，形成高效合理的组织结构。其次，在对外层面，要优化整合客户和供应商群体，在整个销售环节形成一条合理的产业链，确保需求信息及时传达，提高市场相关信息的透明度。除此之外，企业在制定销售目标后，根据目标选择合理的绩效考核指标用以监督。制造企业在技术方面和信息系统层面，要将先进的技术更好地在销售环节、运用环节、生产环节等领域充分运用，促进整个供应链的绩效效率。与此同时，企业不仅要增强风险承担能力，而且要尽可能地规避可视风险，还要控制潜在风险的发生，使整个企业的供应链网络得以顺利运行。

6. 服务联结模式

第一，单核制造业在供应链上是呈一种纵向联合，通过完善与客户的关系，来实现供应链服务环节端与端的集合，根据客户的差异性和独特性为其提供特有的产品和其他相关服务。第二，可以采取全方位的服务用以确保增值服务的落实。第三，企业内部和外部的相关供应商都可以共享产品设计规格、需求信息等相关信息。第四，制造业需要在波动的市场条件下尽可能识别每个客户或每组客户的获利能力，并且满足客户的服务要求。企业首先要将客户进行细分，根据不同的客户群体，调整相应的服务结构和采取相应的服务政策来降低服务成本，提高服务效率。制造业要加强与客户焦点小组的联系程度，实行自动交叉的服务管理模式，确保客户的需求得到满足。制造企业通过设立一系列关键服务评定指标，能够更加有效地对客户服务及企业管理进行控制，从而提高整个服务网络的绩效水平。

二、多核集群供应链网络联结模式

制造业集群供应链与产业链有着相似之处：首先，其是指某一产业或某一复杂产品从生产的原始投入到销售的售后服务所有的环节，是代表整个制造链条整体的流向性，因此制造业集群中每个制造业企业对于产业的关联度要求都非常高。其次，在制造业行业的集群中供应链的表现形式在具体企业间呈纵向关系。如果是一个单一的制造业供应链，那么起主导作用的就是供应链中某一个单一的核心企业，分散在周围的上下游企业都位于从属地位与其配合运行。但是对于大型复杂产品的产业链来说，其规模较大，联结范围广，即使在同一价值链中就存在多个不一的核心企业，并且每个企业的规模都有着起主导性优势。不仅如此，处在供应链内部之间的企业有着协作关系，不同链间的企业也会进行跨链间合作，同时众多大小不一的配套型企业也游离分散在各集群中，由此一个多层次、多维度、多功能、多目标的立体制造业集群供应链网络就诞生了。最后，由于大型复杂品的科学技术含量高，需要多部门、多产业、多学科相互协调进行合作。

多核集群供应链网络在制造业集群中是最为常见的供应网络联结模式，根据供应链的相互交叉情况，可以将模式大致划分为以下三种较为有代表性的类型，即平行式的多核集群供应链网络、交叉式的多核集群供应链网络和混合式的多核集群供应链网络。三种类型各有其特征和代表性。

1. 平行式多核网络

如图 3–3 所示，在平行式多核网络中各供应链表面上看是没有联系的，看似相互独立着的供应链，它们之间存在着必然的内在联系。实际上它们与支撑性企业和一些第三方服务行业以及政府相关部门具有一定关联度联结，如金融机构、物流企业、政府监管部门等。这种供应链网络大多是在一些大的制造业网络集群中，像底特律汽车制造城是美国密歇根州最大的城市，通用、福特和克莱斯勒三大全球知名汽车制造公司都占据一席之地，三家公司表面看上去没有太多直接联系，处于一个平行发展状态，但实际上每一个制造公司的周边都带动了众多大小不一的相关汽车制造公司。

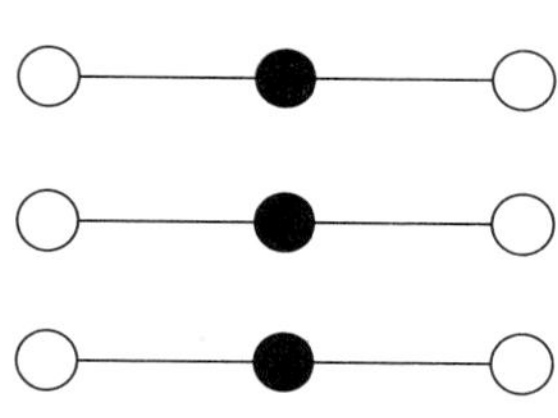
图 3–3　平形式多核网络

2. 交叉式多核网络

如图 3–4 所示，这样的网络，在交叉式多核网络中，处在每一级供应链前后节点间的企业都存在着某种供需关系。这种模式在马歇尔型产业集群中比较常见，如意大利马尔凯大区佩扎罗省的木器家具产业，这种供应链网络模式是一种理想化下的联结模式，因此在日常生活中很难见到，但是在对供应链网络联结模式进行定量、定性分析时会选择将这种结构作为研究对象。

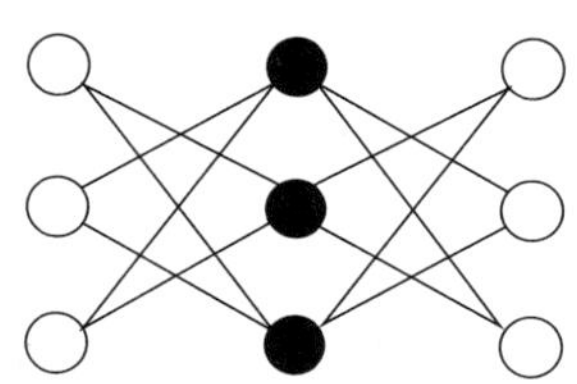
图 3–4　交叉式多核网络

3. 混合式多核网络

如图 3–5 所示，混合式多核网络类型是由平行式供应链与交叉式供应链结合形成的，其在大型混合制造业中是最为常见的一种类型。在集群内同时存在着几个核心企业以及相关的小企业，并且分散在核心企业周围还有一系列没有直接合作关系的零星企业。最有代表性的例子就是美国的硅谷工业园与印度的班加罗尔工业园。在工业园中聚集了许多业务上有联系的半导体或与计算机技术相关的企业，因此形成了高新的中小企业集群。在美国的硅谷，不仅有在行业中居领先地位的各大品牌公司，如惠普、网景、英特尔、苹果等，也有大量相关的配套和服务企业分散在周围，同时不能忽视的是，还有众多零星企业也在进行软件的研究开发。

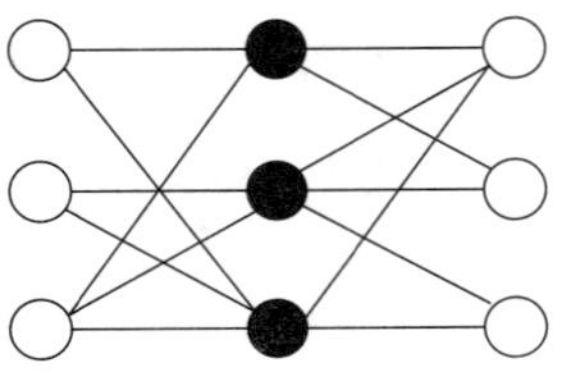
图 3-5 混合式多核网络

不同的集群类型会形成不同的集群供应链，正是由于每个集群自身的复杂性，集群供应链联结模式是多种多样的，很难通过上述几种简单的类型所涵盖，但是上述的每一种类型都具有普遍的代表性。不可否认，我们确实存在其他的联结模式，如中关村科技园区的电子信息产业集群，其具有“两头在内、中心在外”的集群供应链特点，换句话说，这类产业集群其核心企业制造环节在外部，但研发和销售环节却是在集群区域内部进行。

（1）供应联结模式。在同一层级的制造业集群供应链中存在着许多零部件的需求，根据物资采购以及大宗商品采购的需求，使采购供应链在集聚区域的集群中显得尤为重要。

在复杂的多核制造业产业集群内，其联结供应的模式是呈横向展开，生产所需要的大多数零部件都是通过外协采购所完成的，集群内多个核心企业按照现行的市场标准罗列出零部件采购计划，第三方会根据采购的要求先将计划进行整合，再进一步将供应商进行分类，根据不同类别的集群核心企业进行协商确定价格标准，或者直接将整个环节外包给独立的第三方，最后将另行采购的零部件直接运送至制造企业生产车间。供应链网络的联结模式在制造业集群供应链的协同效应中发挥着重要的作用，在帮助制造企业降低其生产成本的同时，也可以帮助增加制造业集群话语权，尤其是在原材料与大宗商品的定价权衡上。

（2）物流联结模式。在制造业中，物流、供应、销售和服务环节都存在着密切联系，每个环节都互为基础。多核心制造企业业务联结模式的形成可以为集群内成员企业在一定程度上提供供应、制造、销售和售后服务等全方位的物流服务。一方面可以以某个企业的物流公司为核心为其他产品和公司提供物流业务；另一方面集群内的第三方物流公司也可为多个企业和多种产品提供物流联结服务。在多核物流运作的网络模式下，生产供应、产出销售和服务等环节都产生协同作用。在物流供应上，配套供应商向核心企业直接提供配套的零部件，而直供供应商则向多核心制造业直接提供通用或标准的零部件，第三方供应商首先统一购入直供给供应商的零部件，再按照类型向不同核心企业进行分销。在完备的物流联结模式下，核心制造企业可以选择直接将产成品给直销销售商进行销售，也可以选择将销售权进行转让，通过专业的代理销售商进行专业的销售服务。

（3）售后服务联结模式。产成品交付给客户后，就进入售后服务管理流程。在这个环节中主要涉及零部件的供应商、核心企业的直接服务商或是代理服务商，他们之间相互联结协作。一旦售后部门收到客户的服务请求时或者是当产品信息监控出现异常时，远程设备故障检测系统就会自动开启，供应商与直接服务商会立刻通过远程方式帮助顾客对故障进行诊断与维修。如果远程的操作无法排除故障问题，那么会派工进行设备的现场维修售后服务。同样，如果故障是发生在零部件的提供环节，则要求供应商派工进行现场修理；如产品的售后服务已经承包给第三方的代理服务商，维修的工作则由代理商派服务工程师进行合理安排。

（4）构建海外服务网络联结模式。全球化步伐的加快，多核心制造业集群必须要加快海外服务网络联结模式的建立。制造商配件国际销售与服务的模式已初步建立起来，集群产业应在提供产品配件时试着通过全球服务网络向全球仓储中心提供服务；全球仓储网络会根据各个核心制造业集群的生产需求将零部件集中仓储与运送，发往各区域的仓储中心；最终每个区域的仓储中心再逐一销售或配送至代理销售商或客户，满足生产与销售的服务需求。

第四节　小结

制造业集群供应链网络联结模式主要是强调集群内各主体之间的相互作用以及相互影响的关系。通过现有的机制动力、沟通手段和责任划分控制等方式，来实现制造业集群整体目标，更加有效地将现有资源进行分类整合。在制造行业中，从零部件的供应到产成品的销售环节企业都会以自身利益作为出发点，而制造业集群供应链网络联结模式就相当于在激烈的市场竞争中以强强联手来实现合作共赢。

制造业集群供应链网络是一个复杂的网络系统，根据产业链中核心企业数量的多寡标准对制造业集群供应链网络进行分类，我们可以大致分为四种类型。本章在对制造业集群供应链网络构成和分类分析的基础上，根据供应链各环节及其核心企业的不同特点研究了制造业集群供应链网络的联结模式。在对制造业集群供应链网络联结模式进一步分析的过程中，使得我们对制造业集群的认识在增加了供应链的视角后变得更加全面。制造业集群供应链网络联结模式的提出以及框架的搭建，对制造业集群供应链网络的结构优化、制造业集群的发展以及促进集群区域的良性发展具有重要的现实意义。

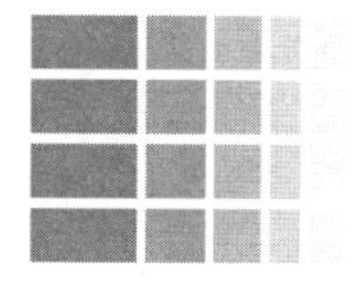

第四章

制造业集群供应链网络结构

前一章分析了制造业集聚供应链网络的构成主体，并阐述了集聚供应链网络有哪些联结模式，在前一章的基础上，本章开始具体对制造业集群网络展开分析，首先需要对构成集群供应链网络的关键要素进行识别，然后明确在众多企业生产制造过程中形成的体系，弄清楚它们之间的供需关系，从而能够在多条错综复杂的供应链之间形成集群式的供应链网络模型，如图 4-1 所示。

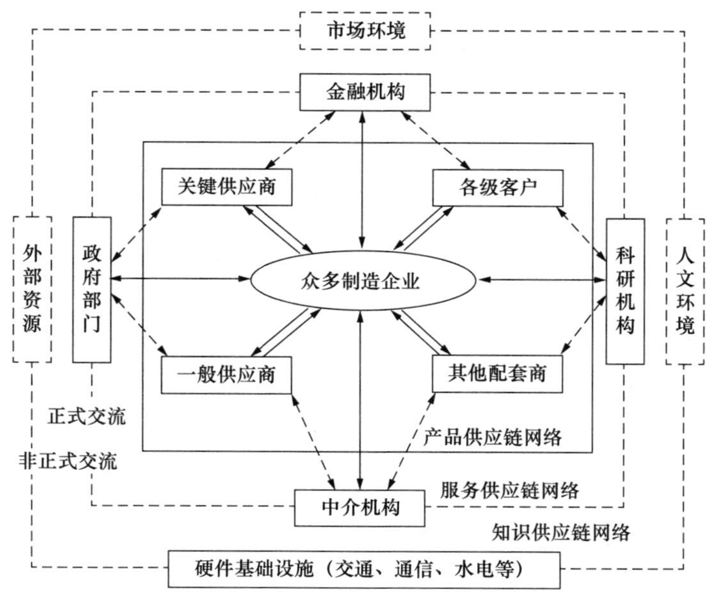

图 4-1　制造业集群供应链网络结构

根据其相关性，可以将网络结构分为三个种类：①产品供应链网络；②服务供应链网络；③知识供应链网络。本章接下来从三个方面对集群供应链网络结构相关特征和运行特点进行阐述。

第一节 制造业集群产品供应链网络结构

一、制造业集群产品供应链网络特征

产业集群是产业关联企业及其相应的支撑机构（如地方政府、中介组织、金融机构与科研机构）在空间上集聚形成的一种柔性的生产综合体，它的成员包括上游的原材料、机械设备、零部件和生产服务等投入供应商，下游的销售商及其网络、客户，侧面延伸到互补产品的制造商、基础设施供应商以及技能与技术培训、行业中介等相关联企业。构成产业集群的各个主体基本上都是集群供应链网络的组成部分，本书认为众多的辅助机构也是属于集群供应链网络的，而不仅仅只有企业，由众多企业形成的产品供应链在运作过程中不断进行着生产活动，这无疑是整个网络的核心，但这些都离不开辅助机构，它们在整个网络系统中是以服务供应链的形式存在的。

由于集群供应链网络关系纷繁复杂，内部的构成主体较多，因此为了方便分析，可大致将其分为核心网络和支持网络。这里的核心网络就是许许多多的企业群共同构成，在集群供应链中处于核心的原因是它们能够创造大量的价值，这里还可以将核心网络划分为垂直网络和水平网络，垂直网络的构成包括大量的供应企业、需求企业以及核心企业，它们组成了一般的供应链网络，为了明确、细分概念使用的范围，此处用产品供应链来对其命名；水平网络的构成则包括核心企业、竞争企业以及互补企业，它们之间没有直接的供需关系，不过正是因为它们的存在组成了

整个市场，促进了集群供应链保持着稳定的交易秩序以及合理的竞争与合作的关系，因此它们也是集群供应链网络中非常重要的一部分。另外是支持网络，它的构成则包括了政府部门、科研机构、中介组织及金融机构等辅助服务部门与硬件基础设施、人文及外部市场环境等因素。

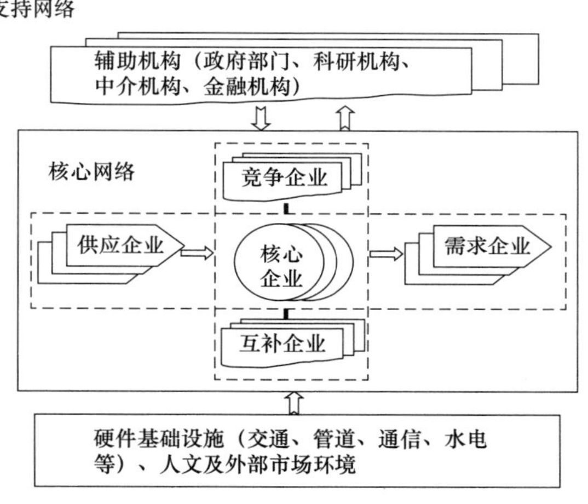

图 4-2　集群产品供应链网络结构

二、产品集群内供应链网络的运作

集群供应链网络在运作的过程中，可以先对供应链的层次进行划分，因为集群供应链网络内有许多条供应链，核心企业的实力决定了供应链的层次。集群内一些大型企业在品牌效应和研发能力方面都要强于其他企业，而且具有很强的资源整合能力，能够打通上下游优质企业关系，这些企业形成了集群中的第一梯队；还有一部分企业的实力没有第一梯队的强，这些企业能够获得的资源更少，取得合作关系的企业实力更弱，它们形成了第二梯队；另外，剩下的一些企业则是非常小型的，主要从事一些简单的加工组装工作，一些家庭作坊甚至也包括其中，它们共同形成第三梯队。在我国已经出现了产业集群内多条供应链展开了竞争，以浙江乐清市柳市镇为例，该镇专业从事生产和销售低压电器，有着“低压电器之都”的称号而闻名于中国。柳市镇上形成了低压电器为主的产业集群，仅低压电器企业数量就有近千家，第一梯队有五家企业，这五家企业主导的供应链具有很强的竞争力，无论是供应商还是分销商等都实力强劲，如正泰、德立西等，第二梯队的企业数量有40多家，如常安、华荣等，第三梯队企业数量不计其数。

集群内供应链网络的形成为保证其有效性，有两个必要条件：第一，为保证整条供应链一体化运作，核心企业需要有较强的凝聚力和吸引力；第二，需要以整个供应链的利益至上，这就要求供应链上的各个企业紧密合作，促使协同化运作的实现。各个梯队的供应链所采取的竞争战略也有所不同，第一梯队具有很强的资源整合能力和研发能力，因此将战略中心放在产品差异化上，产品更加偏重创新和高质量。第三梯队的战略则以成本领先为中心，用较低的价格来打开市场。第二梯队则处于中间位置。不同梯队战略差异的好处在于，避免了不同层次供应链的过度竞争，多元化满足了不同受众各种层次的需求。

根据Gereffi的“组织续衍”理论，他认为集群内价值链会不断向高附加值的环节靠拢，掌握其中的核心技术取得核心的地位，从而在集群区域内形成完整的供应链系统。一般来说，供应链会比较强调纵向续衍，要想提高本地集群的竞争实力，一体化往往是很好的办法，但实际上并不是所有的集群都适用。目前我国有很多企业遍布各种产业集群供应链的每个环节上，可是其生产和盈利能力都偏低，在这种情况下，也许横向续衍更加适合这些企业，瞄准供应链中的某一个环节，不断加大投入，进行创新创造，提升实力占领这个环节的制高点。这样更加有利于低端制造向高端制造升级，提升竞争力，形成比较优势，为之后扩大范围与其他的集群实现上下游的协作。

在供应链管理上，产业集群供应链与一般的供应链没有太大的差别，用于一般供应链的管理方法也能适用于集群内各供应链上。例如响应型供应链，这种运作方式能够减少因为市场和客户需求产生了变化而需要反应的时间，链上的企业需要时刻进行调整，以适应不同的需求，否则就会被淘汰，而战略合作伙伴关系的这种管理模式，则拥有更加稳定的成员，能够对链上各个节点的企业组合进行优化。为了提高供应链上的凝聚力就必须采取更加系统科学的管理方法，运用正确的管理方法也能提高运作的效率，让各个节点里的联系更加密切，从而实现整个集群网络结构的优化。

第二节 制造业集群服务供应链网络结构

目前关于制造业集群的研究大多是集中在一定区域内，因为会受到地域和环境的限制，关于服务供应链也是研究产业集群地域内的辅助支持系统的影响。与之相比，传统的单链式供应链更多是侧重于研究与服务相关的上游企业和下游企业之间的协调关系。与生产型企业不同，集群式供应链体系中存在的服务供应链能够提供多元化的服务，匹配满足集群地域内的生产制造企业的不同服务需求，这样企业在生产制造的过程中，整体的运行效率能够得到有效的提升，增强了整个集群供应链网络的实力，因此集群式服务供应链是不可缺少的。接下来阐述不同类型的集群服务供应链。

一、信息技术服务供应链

好的信息技术能够加强链上企业之间的信息交流，增强集群供应链上的各个服务体的联合，实现纵向一体化。实现一体化后，整合集群内的各个信息技术，运用服务供应链组织理念形成集群式信息技术供应链。这条信息服务供应链运行过程可见图 4–3，其主要功能就是信息交流和传递。以集群为视角，信息技术供应链上各个环节存在很多的企业，它们有的是技术的需要者和购买者，如从事生产制造的企业，而有的是技术的提供者和发明者，如高校和科研院所，从中还演化出了科技中介机构，它既是技术的提供者又是需求者。企业群体需要其他企事业单位为其提供信息技术资源，那么高校、科研机构和咨询机构等这些提供和发明者就是这个信息供应链上必不可少的参与者。科技中介和行业协会等中介机构的服务则更是为各个企业的信息支持提供了方便，加快了信息的传递。信息技术服务供应链有效地减小了供应链上因为信息传递不通畅，造成信息变异过于放大了需求，导致信息的传递出现错误的情况。

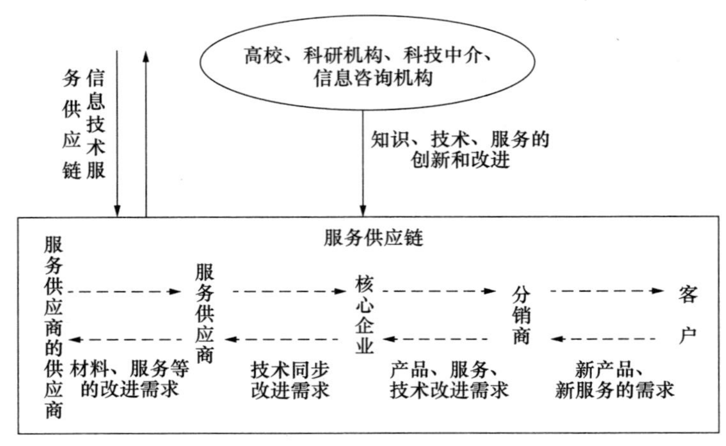

图 4–3 信息服务供应链

二、物流服务供应链

制造业生产加工产品要进行销售离不开物流服务，尤其是集群地域内为了高效率运作产品供应链网络，没有物流的支撑是无法实现的，因此物流服务供应链这种极具代表的服务供应链需要进行探讨（见图 4–4）。物流成本的降低和物流效率的提高都能够通过服务业集群升级来得到较好的解决，在这个过程中，重要的是整合集群中物流的供需双方的资源，切实地改变服务质量有待提高的现状。具有关联性的企业之间有着非常频繁而密切的需求，在供应链中他们的需求主要有采购、生产以及配送物流等，采购物流将原材料或零配件运往众多企业的工厂或车间，做成半成品、成品之后通过生产物流运输到下游企业或者直接由配送物流运输到服务集成商，最后再分销给客户，这一系列的过程物流服务供应链的服务水平和质量，直接决定了集群地域内服务供应链乃至整个供应链网络的发展。

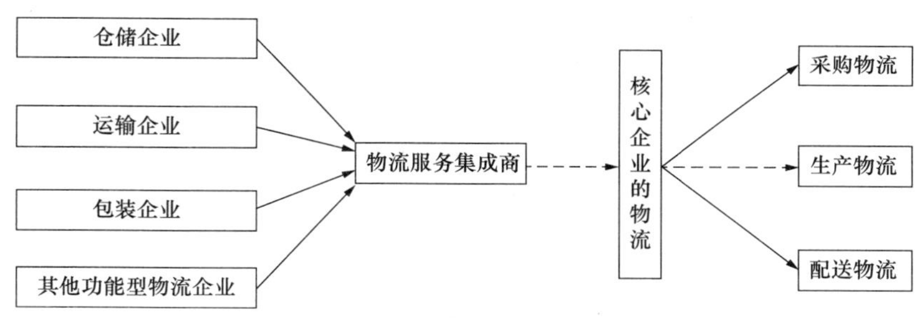

图 4-4　物流服务供应链

三、金融服务供应链

现实情况下，集群的发展存在着许多的阻碍，如前所述，集群地域内供应链上存在着核心网络和支持网络，在支持网络中有许多的中小型企业，因为企业自身规模等原因，它们得不到金融机构尤其是银行的融资，而要促进集群升级实现资金的流通是非常重要的。因此，为了解决上述问题，结合实际情况，有一些中小型企业在经营的过程中，已经成为了很多大型企业稳定的供应商或经销商，它们之间业务往来关系密切，这些大型企业自身信誉也非常高，因此银行将综合整个供应链运行情况对这些中小企业授信，这样就能够解决集群供应链上资金不能流通，中小企业融资难的问题，具体可见图 4-5，从金融服务供应链可知，银行、信用社等金融机构能够改变传统的授信方式，从全局的角度对集群服务供应链中多个企业进行综合评判而不仅仅是关注个别企业的资质，这样能够有利于供应链上的中小企业的发展，促进整个供应链网络的实力不断增强，同时也能够提高资金的利用率，银行等金融机构也找到了更多的盈利渠道，是多赢的格局。

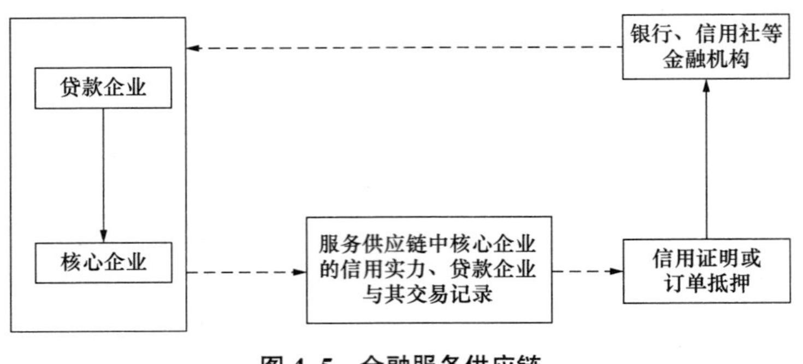

图 4-5 金融服务供应链

四、政策服务供应链

政府因为在当地有着很大的影响力，它为了引导企业的发展方向或支持企业的发展会制定相关政策，政策服务供应链就是充分发挥了政府的影响力，这些影响力来源于政府的权威地位和引导职能。由图 4-6 可知，政策服务供应链运行的方式为地方政府机构（政策研究室）制定并发布相关政策，管委会和行业协会根据政策制定出具体实施办法，最后众多的相关企业去落实这些政策和办法，进行具体生产和建设。这条服务供应链需要由制定者、执行者和落实者三方共同配合，才能够真正有效地运行。例如，在创新方面，政府机构并没有直接参与企业的创新，但是政府在推动创新方面的作用是巨大的，政府制定相关政策，为企业提供政策支持，像不断完善公共基础设施、打造适合创新的环境以及给予一些税收减免和相关补贴等，这些举措能够有效地促进企业创新的积极性。此外，政府制定政策能够起到释放信号的目的，政府和企业之间的接触行为，能够传递一些关于产品、政策的信息，进一步引导企业不断加大创新力度。

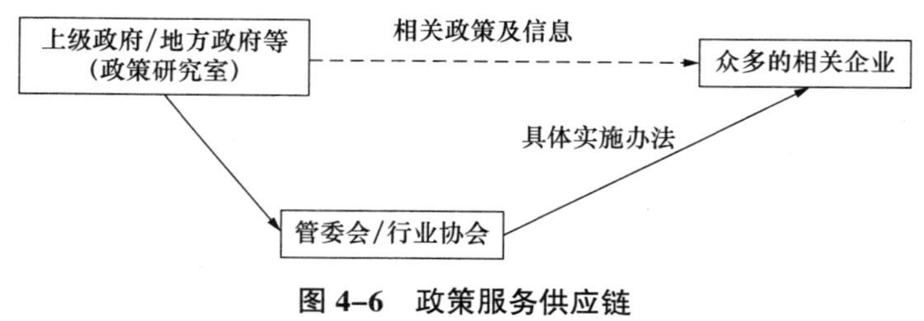

图 4-6　政策服务供应链

综上所述，从外部表现形式看，集群式服务供应链网络既包括了供应链体系的特质，同时也具备了集群网络结构自身特有的优势。从集群服务供应链内部来看，可以分为纵向和横向两个方面，纵向方面，具有一个完整的服务供应链结构，即从服务供应商开始，途经服务集成商，最后再到服务的客户；横向方面，企业之间虽然存在着竞争关系，但是也有很密切的分工协作关系。反过来想，假设供应链的运行无法正常地进行，那么集群地域内企业之间的资源就无法得到有效的配置，生产的产品同质化、服务也变得单一甚至陷入恶性竞争的状态；没有集群网络结构自身的优势，则企业群体间没有竞争只有合作，这样容易使企业不思进取，丧失活力。

第三节　制造业集群知识供应链网络结构

当企业价值来自实体之外的部分超过一定程度后，都可称之为服务业，制造型企业发展到最后都是服务型企业，是围绕产品提供各种增值服务的过程。知识供应链也是服务供应链中的一种，其提供的是一种无形服务，有别于其他服务供应链，具有一定的特殊性，因此将单独进行阐述。

一、制造业产业集群知识服务

我国为了全面建设社会主义现代化国家，制造业面临着转型升级的必然要求，在这一过程中知识服务起到了重要的作用，像上文的信息咨询和金融服务供应链也具备了知识服务的性质，最早知识服务的概念是来自对有关知识服务这个行业的研究，知识密集型服务业（Knowledge-intensive Business Service，KIBS）这个词被较多的国外文献所使用。为客户提供知识产品及服务的行业被称为知识服务业，在这个产业中占有主导地位的就是知识资源，知识就是财富，在当今社会知识的作用和地位正与日俱增，知识服务业也称为智力型服务业，具体的过程主要有知识的生产、知识的流通、知识的分配以及知识的消费[①]。

知识服务的传统流程一般是客户有了知识服务的需求后，找到对应的知识服务供应商，获得该供应商的知识服务，这里的供应商主要是一个单独的个体，知识服务供应商的分散会带来一个很大的问题，那就是当客户的需求很复杂，需要多种类型的知识服务时，这些分散的服务商就可能无法完成，即使能够完成也是效率很低的。因此，将集群地域内的多个知识服务商联合起来，共同组成一个集群知识服务供应链，将不同的知识资源整合在一起，这样就能够有效地解决客户复杂的需求，提供综合的解决方案。

二、制造业产业集群知识服务供应链特征

重视服务过程集成是一般服务供应链的管理理念，但这样的服务供应链稳定性差，因为供应链层级较少，需要大量的时间做出反应。制造业集群化发展的过程中，对产业集群知识服务推出

---

① 徐冠华，刘冬梅，刘琦岩. 现代服务业的发展趋势与对策［J］. 战略与决策研究，2009，24（3）：218-255.

了更高的要求，主要有能够满足多用户个性化的需求，满足用户复杂的知识服务需求，能够及时满足动态的敏捷服务需求以及实现客户创新的服务需求等[①]。本章在研究国内外服务供应链及知识服务的基础上，结合制造业知识服务需求的特征，将制造业产业集群知识服务供应链定义为：基于制造业产业集群的地域内，对服务供应链的管理方法的应用，具体通过知识服务主体结构、明确各知识管理要素以及一系列实现知识服务的流程，将知识服务充分集成在集群服务供应链上发展，达到实现知识服务的经济效益化的目的。

通过上述定义的阐述，笔者认为制造业产业集群知识服务供应链的特征主要有以下几点（见图 4-7）：

（1）以客户需求为导向。客户的需求永远是第一位的，集群知识服务供应链将众多分散的知识资源整合起来，有能力为客户解决各种各样的困难，为客户提供完整的解决方案。

（2）协作共赢的理念。虽然供应链上的企业之间存在竞争，在竞争中能够保持供应链及市场的活力，但企业之间并不是水火不容的，在维护自身利益的基础上，供应链整体的利益可能会更为重要，整条供应链竞争力的提高，对供应链中的企业都是有利的，因此企业之间也需要协作，形成战略合作伙伴，形成共赢的局面。

（3）强调核心竞争力。由于存在竞争关系，知识服务商必须拥有本企业的核心竞争力，但知识资源短期内也是有限的，因此企业需要将资源集中，打造成其他企业无法替代的核心竞争力，这样能够为客户提供更加专业、高效率的服务，企业非核心的业务则可以外包给其他专业的企业，这样有利于保证客户核心利益的实现。

---

① 王道平，李贺．基于知识流的敏捷供应链知识服务模式研究［J］．软科学，2010（3）：1-9.

（4）注重价值增值。知识产品和服务质量提高有助于客户的使用，同时高价值的产品和服务也能够为服务商获取更多利润，因此需要注重价值的增值[①]。

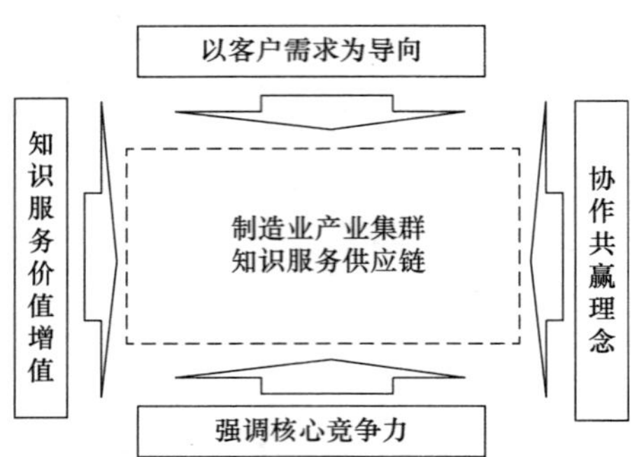

图 4-7　制造业产业集群知识服务供应链基本特征

三、制造业产业集群知识服务供应链结构

如前所述，单独的个人或组织所拥有的知识资源是很有限的，客户需要的是综合性的服务，尤其是制造业企业复杂的需求，只有在知识服务流程上将供应链上各个节点企业彼此联结，才能为一个知识服务网络解决这个问题。在这种网络结构中，内部的企业或个人联合起来形成战略联盟共同实现价值的创造。在制造业集群中，知识服务供应链平台是中心，知识服务的集成和传递都是围绕它进行运作的。知识服务需求由客户一经提出，知识服务集成商就会综合分析该需求是否能够被自身的知识供应能力所解决，如果有困难会继续匹配其他的供应商的知识资源，结合自身和其他供应商的知识资源共同制定服务供应计划，然后再科学合理地分配给各个拥有对应知识的供应商和集成商，最后由服务集成商通过供应链平台完成传递和转化知识的要求。

① 夏立新，韩永青，邓胜利．基于知识供应链的知识服务模型研究［J］．中国图书馆学报，2008（2）：60-61.

1. 制造业产业集群知识服务流程

制造业产业集群知识服务的流程是服务各个要素流通的过程，从图 4–8 可知，知识生产、知识流通、知识分配和知识消费是整个服务过程所必须经历的，这里面，知识生产是指通常意义上的知识创新；知识流通和知识分配是指知识共享；知识消费是实现知识经济化的重要环节，是产业集群内知识服务供应链存续的基础；知识在被消费时，会产生许多的信息，这些信息会反馈到生产的各个环节，反馈机制的存在便于及时做出相应的调整，它能够让知识服务质量更上一个台阶。

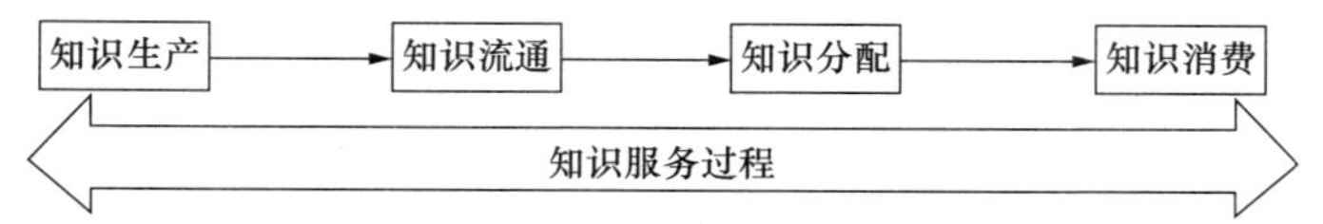

图 4–8　制造业产业集群知识服务流程

在知识服务供应链中，知识要素是非常重要的资源，它能够作为独立的要素流动在供应链中，也能跟随着实物进行转移。制造业产业集群内知识要素的转移和知识服务的实现是服务供应链集成运作的基础，通过对知识服务流程的管理，有助于挖掘制造业产业集群内的知识资源并实现有效共享，有助于提高合作企业在知识层面上的协作能力以及对市场的快速响应能力。

2. 知识服务供应链主体结构

（1）知识服务客户。它是指制造业产业集群内，知识服务的需求者，也是从供应链平台网络处接受知识服务的个人或组织。具体包括供应商、分销商、零售商以及其他服务商等，这些产业集群内的制造企业和与之配套的其他服务企业都属于知识服务客户，它们从服务集成商提供的服务供应链网络平台上获得知识服务，并将知识实际运用创造价值。知识服务客户不仅是知识产品的接受者和消费者，还是产业集群内知识服务市场发展的促进者，并有可能成为知识服务的供应商或集成商，进一步实现角色转换[1]。改善知识服务供应链的运作离不开客户的反馈，像需求状况、满意程度等客户宝贵的意见将不断推动知识服务供应链的进步。

（2）知识服务供应商。提供或集成知识资源，为客户提供知识服务及产品的组织或个人就是知识服务供应商。在制造业产业集群内，政府、行业协会和企业等组织是知识服务的主体，更加细分还有咨询公司、研发机构、图书馆、高校等。作为大量知识资源的直接掌控者，他们是知识产品和服务的最直接来源，是制造业产业链的延伸，通过专业化发展为制造业产业集群客户提供知识服务。

（3）知识服务集成商。顾名思义就是将众多知识资源整合在一起，属于知识资源的间接掌控者，它是整个知识服务供应链的核心，经过知识服务供应链的平台，细化分解客户的需求，将整合好的知识资源进行应用，为客户提供综合的解决办法。知识服务集成商在整合的过程中，并不是简单地将知识资源累加，而是在这个过程中不断消化然后再创新，形成自己的经验，获得全新的知识，因此集成商某种意义上既是知识的消费者，也是知识的创造者。

3. 知识服务供应链网络平台

政府、金融机构、科研院所（高校）、中介机构、培训机构、企业和个人等都属于提供知识服务的参与主体。这些主体洞悉着商业流、物流、信息流和资本流动提供知识服务。不同组织之间的性质是有差别的，他们所需构建的服务网络也各不相同，企业网络、政府网络、行业协会网络、公共事业网络等，知识集成商需要构建众多网络并综合在一起形成知识网络平台，要达成该目标，需要掌握大量的知识资源，同时还需要可靠的技术支撑整个平台的运行。平台的建立能够让客户与知识服务提供者迅速匹配

① 王道平，李贺．基于知识流的敏捷供应链知识服务模式研究［J］．软科学，2010（3）：1–9.

联系，提供有效的知识服务，而平台建立后的维护和升级等就需要集成商构建良好的管理机制，关注信息技术的发展且评估是否需要获得最新的技术支持。

4. 知识服务供应链管理要素

知识服务供应链上提供服务的方式，主要是以一些企业为核心，其他企业辅助核心企业完成服务，即知识服务集成商是服务与知识流动的主体，而管理的目标就是集成商的运营。Ellram 在研究集成专业服务供应链模型的过程中，得到了供应链管理的几个要素能够有效地影响管理的成效，但不足之处是没有提及管理的作用范围。Baltaciog 基于前者的模型和产品供应链 SCOR 模型提出 IUE–SSCM 模型，这个模型除了补充管理的作用范围之外还增加了订单流程和服务表现这两种管理要素。单汨源等（2011）更进一步地提出服务供应链拓展模型，他们对 Ellram 模型、IUE–SSCM 和 SSCF 模型进行了对比分析，在自己的模型里做出了更多的改进，找到了更多的管理要素，丰富知识服务供应链上的管理，如服务设计管理、能力与资源管理等①。综上所述，本节在制造业集群知识服务供应链方面的管理要素主要有人力资源管理、知识存量管理、订单管理和服务质量管理等，这些都能较好地反映该供应链自身的特点。

5. 制造业产业集群知识服务供应链集成与运作

制造业产业集群的知识服务集成通过与客户和知识服务供应商建立合作关系，结合具体需求来整合供应链上的知识资源，并深度挖掘客户的服务需求，帮助服务供应商开发更多增值服务，对整个供应链的运作提供了强大的服务平台②。制造业产业集群

① 单汨源，吴宇婷，任斌. 一种服务供应链拓展模型构建研究［J］. 科技进步与对策，2011，28（11）：10–15.

② 霍春辉，刘力钢，张兴瑞. 供应链服务集成商业模式解析［J］. 经济问题，2009（7）：52–53.

的知识服务供应链的集成与运作牵涉到很多方面，从知识服务集成商对该集群生产运作的影响程度来看，我们可以简单将其运作方式分为两种：①龙头企业知识服务集成运作。该模式的特点是由龙头企业在参与制造业的生产过程当中为了满足自身发展战略而形成的知识服务供应链。②第三方企业知识服务集成运作。这种模式主要是企业之外的第三方服务商为了解决客户问题而产生的，单纯地为客户提供解决方案，并不参与生产过程。

产业集群形成的初期，龙头企业凭借其在资源、技术、规模等方面的优势，在生产的整个过程中占有很大的控制权。不管是供销商、分销商、零售商还是个人，从产品开始生产到最后到达客户手中，各种业务往来均在不同程度上受制于龙头企业，因此，龙头企业往往更容易在供应链知识资源的整合方面领先一步。不论是企业内部的研发机构、部门组织，还是企业外部可能接触到的培训公司、学校及更多资源，都可以被龙头企业加以利用。龙头企业在这个过程中，不仅可以发掘知识，还可以将其进行共享和传递，为产业链上的其他企业提供产品和信息服务。部分龙头企业通过使用在知识资源方面的支配权，开始减少生产业务并向知识服务型企业转型，实现知识服务的高附加值，成为独立的第三方知识服务集成商。第三方服务集成商是传统制造企业转型成知识服务型企业的一个重要途径。作为第三方企业，企业不再参与具体的生产过程，只为客户提供问题的解决方案，业务范围可以包括生产运作、供应链管理、财务管理等方面的知识服务，根据客户需求可以制定针对其中一个或兼顾几个方面的解决方案。

第四节　盛泽丝绸纺织业集群供应链案例研究

苏州市南端吴江区有一个镇名为盛泽，盛泽镇处于长江三角洲这一经济区域中，在江苏、浙江以及上海的交汇处，该镇拥有极其发达的丝绸纺织品生产技术，加上地理位置、交通便利程度等优势，被誉为中国的“绸都”。作为历史悠久的纺织重镇，盛泽自明清时起就已经有发达的丝绸制造技术并且出现了丝绸贸易。凭借着优越的地理位置和悠久的纺织传统，盛泽的纺织产业集群得以形成。截至 2014 年底的数据统计显示，盛泽镇的纺织企业已达 2300 多家，占所属市区纺织企业总数的 90%。整个盛泽镇的面积大约为 22.5 万亩，平均每万亩拥有企业 102 家，产业地理集中度相当高。这种产业集群使得整个纺织过程中负责不同工序的企业能够更加方便地进行合作，不仅减少了企业在材料运输和交易上的费用，降低了不少成本；同时这种集群式生产协作，更能够产生规模效应，促进企业更好更快发展。传统的有梭织机体积大、分量重，机器振动大、噪声高、车速慢、效率低，限制了纺织企业的发展，而盛泽镇拥有分量轻、振动小、噪声低、车速快、效率高等优点的无梭织机 12 万台，在全国无梭化程度最高的地区中排名都属于前列。无梭化生产带来的巨大生产力也能从数据中看出一二。2014 年，盛泽镇的各类纺织品总产量已达到 100 亿米，纺丝产量达到 300 万吨，印染涂层等加工工艺产能达到 30 亿米，整个产业的生产总值超过 340 亿元。纺织业作为苏州的六大支柱型产业之一，已经成为苏州的主导产业，而盛泽镇就是苏州纺织业发展的突出代表。近五年来，盛泽纺织业的产值占苏州纺织产业总产值的比重均达到 25% 以上，在苏州产业经济中的地位举足轻重。虽然是传统产业，但盛泽在这方面已具有明显优势。

一、盛泽丝绸纺织业集群式供应链组织结构

丝绸纺织企业本就是盛泽的传统优势企业，在改革开放的春风之下，发展速度得到了进一步提升，同时，产业的结构也从传统的纺丝、织造和印染逐步向上下游拓展，又增加了聚酯切片和

织物深加工的工序，不仅形成了从产品设计到研发、生产的一条龙生产线，还构建了一个市场集散、纺机维修、物流、信息咨询及人才培训等紧密联系、相辅相成的产业网络。除此之外，盛泽镇的纺织行业发展还有一个巨大的优势，那就是镇区内的中国东方丝绸市场，该市场不但是全国最大的真丝产品和化纤薄型织物专业市场，更是全国化纤薄型织物的价格形成中心，属于该行业的领头羊和风向标。中国东方丝绸市场作为盛泽纺织品的销售基地和全国数一数二的化纤薄型织物产品的集散地，使得盛泽镇的纺织产业较其他地区具有信息优势和市场优势。

综上所述，盛泽的丝绸纺织业集群式供应链具有非常高的协作效率，这些覆盖整条丝绸纺织产业生产链的企业及其辅助产业和配套机构组成了一个高效完备的组织系统。丝绸纺织上下游企业和该组织系统进一步融合形成了集群式供应链系统（见图 4–9）。

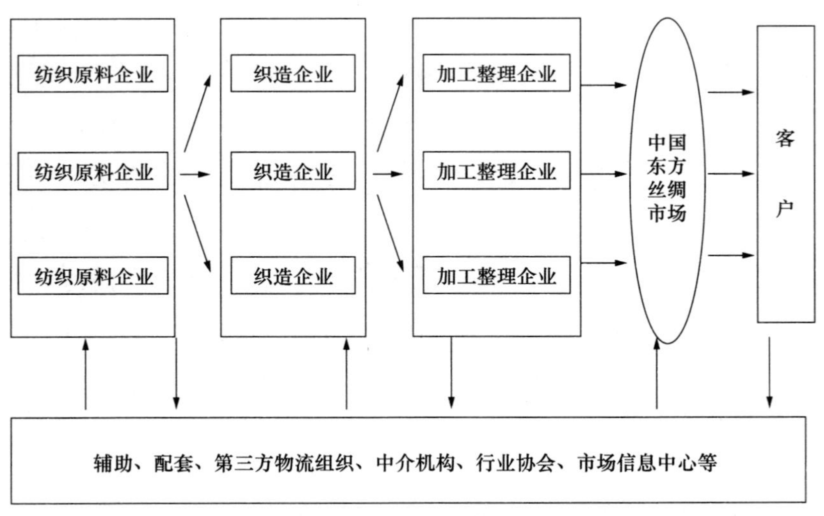

图 4–9 盛泽集群式供应链网络结构

二、盛泽丝绸纺织业集群式供应链形成和发展机制

1. 盛泽丝绸纺织业集群式供应链形成和发展的内在动因

（1）丝绸纺织业特性决定了集群分工是很容易实现的。盛泽丝绸纺织业集群式供应链的形成与该行业本身的特性相关。集群式供应链的形成主要取决于集群产业内企业的分工合作，从而产生规模效应和范围经济。一种产品的价值链越长，将其生产工序进行分解的可能性和可实现程度就越大，更能加长其垂直方向的劳动加工，从而吸引更多的产业聚集在一起。丝绸纺织正好属于这样一种产品，从原材料的生产到成品的完成，中间大大小小的工序近 20 道。这种天然的优势给丝绸纺织企业的分工合作带来了无限的可能，对该行业的市场细分起到了决定性的作用，也为中小企业进入市场和产业集群提供了广阔空间。这些规模各异的丝绸纺织企业按生产工序来看是独立的节点，但从整个生产过程来看又是紧密相连、相互依赖的关系，这种关系直接促进了丝绸纺织产业集群式供应链的形成。

（2）丝绸纺织产业集群具备很强的外部经济。规模经济和范围经济都是产业集聚能够带来的好处，正的外部性反过来又促进了产业集聚，更多的企业集中在集群地域范围内，能够有效地减少企业的成本，集群内市场变得越来越丰富，提供了多样性的选择，有竞争也会使得产品质量更高，因此众多的正的外部经济是盛泽丝绸纺织业形成集群供应链的原因和动机。

产业集聚带来的好处首先是丝绸纺织企业可以共享该区域的基础设施和服务，提高资源利用效率，从而获得外部经济效应。其次，产业集聚使得企业间的信息交流更加频繁和通畅，为知识的共享和技术的创新创造了良好的条件。再次，产业集群带来的吸引性和关注度还让企业共享人才外部性。最后，产业集聚还可以共享销售网络，带来规模需求，并以“绸都”为整体品牌开拓

更大的市场。

（3）行业发展的内在要求是专业化分工与协作生产。由于纺织企业数量的增加和日益激烈的市场竞争，盛泽镇的丝绸纺织业曾因产品同质化严重、产品结构单一等问题，导致企业之间价格的恶性竞争。为了改变恶性竞争导致的整个产业萎靡不振的状况，同时为了适应市场需求，满足客户的个性化需要，纺织产业的深化分工就成为了盛泽丝绸业发展的必经之路。该地区的丝绸纺织企业大都起步于家庭式作坊生产，单个企业从设计、生产到销售、服务，精力分散到每个环节，难免会因为规模和实力有限从而限制企业的发展。从这个角度出发，我们也不难看出，丝绸产业实行市场细分，企业发挥各自优势特色，让业务更加专注和专业，并形成各自的核心竞争力也是盛泽丝绸产业成为整个行业标杆的原因之一。这样的分工协作不仅解决了企业之间的恶性竞争，形成一种良性互动，还实现了盛泽丝绸产业的规模经济，使盛泽在全国乃至世界的丝绸市场上都占有一席之地。

（4）交易成本较低。产品竞争力的高低不仅取决于产品的质量，还要看产品的价格。为了获取更低的成本，在价格上占据竞争优势，盛泽丝绸纺织产业形成集群式供应链是必然的选择。盛泽的丝绸纺织企业在集聚的过程中，需要不断完善基础设施与服务建设。材料供应商、纺织制造商、分销商及相关的服务供应商还可以共享基础设施，进一步降低成本。产业集聚带来的地理集中效应，也会促进基础设施的建设，二者相互促进，形成良性循环。产业集聚使得集群内部企业之间的供给需求交流更加方便，搜索成本大大降低，同时在采购、运输方面的费用也能得到大幅减少，直接有效地降低了企业成本。同时，盛泽镇区域内的东方丝绸市场也吸引了大量丝绸生产贸易企业在周边地区发展，最新的市场行情或者产品技术等信息迅速在区域内得到传播，中小企业更容易把握市场动向，适时调整企业发展策略。这种信息获取上的便捷性与高效率，大大节省了企业的信息成本。另外，产业集聚带来的人才集聚也为企业寻找专业人才提供了便利。总之，对于低成本的追逐，是盛泽丝绸纺织业集群式供应链形成的强大驱动力。

（5）丝绸纺织产业集群的创新效应。创新是企业发展的强劲动力，一个企业若要在所处行业长久发展，保持勃勃生机，必须要不断推陈出新。丝绸纺织产品生命周期短的特点以及消费者的需求多样化和个性化要求丝绸织造企业必须快速且持续创新。对单个丝绸织造企业来说，规模和资源的限制，使得它们很难同时兼顾旧产品的生产和新产品的研究，难以形成持续的创新能力。产业集聚形成的巨大产能和资源集聚效应，就可以有效解决这一难题，从而提高中小企业的创新能力，促进集群内部企业的持续创新。创业集群为企业带来的创新能力的提高也是盛泽丝绸纺织企业聚集形成集群式供应链的又一重要因素。

2. 盛泽丝绸纺织业集群式供应链形成和发展的外在条件

（1）传统丝绸纺织产业历史及文化的影响。盛泽丝绸的生产最早可以追溯到宋代以前，这里的百姓家家户户都会种桑、养蚕、缫丝、织绸。到明代中后期，已经有专门以此为营生的人家，出现了一批专业的生产作坊。各地的丝绸商人都来到盛泽地区采购丝绸，并先后形成了新杭、黄溪和盛泽三个绸市。清代之后，盛泽的丝绸行业进入兴盛时期，丝绸产量集聚增加，贸易日渐繁荣，出现了早期的丝绸专业市场——“庄面”。盛泽更是与苏州、湖州、杭州并称中国“四大绸都”。

改革开放的春风吹醒了民营经济的神经，生机盎然的民营经济逐渐成为农村经济的主流，纺织产业的经济中心也开始转移。盛泽抓住这难得的发展机遇，积极地吸引民间资金，大力推进以丝绸纺织产业为主体的民营经济，为地区产业集群式供应链的形成添砖加瓦。

（2）中国东方丝绸市场的孵化和集聚作用。中国东方丝绸市场不但是全国最大的真丝产品和化纤薄型织物专业市场，更是全国化纤薄型织物的价格形成中心，是全国十大专业市场之一，属于该行业的领头羊和风向标。中国东方丝绸市场作为盛泽纺织品的销售基地和全国数一数二的化纤薄型织物产品的集散地，使得盛泽镇的纺织产业较其他地区具有信息优势和市场优势。中国东方丝绸市场对于盛泽地区的丝绸产业集群式供应链的形成起到了极大的孵化作用。该市场不仅为盛泽地区的丝绸产业提供了一个庞大的销售网络，还给区域内企业产品的营销带来了外部经济作用。中国东方丝绸市场的信息集聚功能能够迅速收集到国内外的最新市场信息和产品情况。这些信息对于企业发展来说是非常重要的信息资源，由于地理位置的优越性，盛泽地区的丝绸纺织产业可以大大节省信息获取的时间和成本，先其他地区一步做出反应，有效促进了集群内企业的技术水平和创新能力的提升。

（3）灵活的体制和政策的推动。盛泽丝绸纺织业集群式供应链的形成离不开灵活的体制和政府的政策支持。为了响应改革开放的号召，自 20 世纪 70 年代以来，盛泽镇政府进行了各种公共基础设施的建设，为了完善基础配套，给予了财税扶持和融资扶持，在招商引资和法律法规上进行政策倾斜，并提高与政府相关的工作效率。此外，政府还号召媒体引导该地区建设者、竞争者的价值观念，为丝绸纺织产业集群发展营造公平、健康的大环境。盛泽镇政府在丝绸纺织产业的发展上不仅立足现状把扶持政策落实到位，坚定地支持产业发展，还展望未来为后续的发展进行了宏观规划与引导，对盛泽丝绸纺织产业的集群发展与区域品牌的形成产生了重要影响，大大推动了该区域产业集群的整体影响力的提升和品牌效应的发挥。

三、盛泽丝绸纺织业集群式供应链特点

盛泽在传统的织造、印染产业的基础上，形成了从聚酯切片、纺丝、织造、染整、深加工到服装、服饰相对完整的丝绸纺织生产链。集群区域内的辅助和配套机构不断完善，也让丝绸纺织产业集群得到进一步的推进。盛泽集群区域内有很多不同功能的企业，纺织产业有纺织制造企业、经销商，还有配套的纺织机器维修服务机构；知识服务方面则包括纺织技术培训机构和教授丝绸纺织相关知识的机构等；另外还有其他与纺织相关的科研机构，如材料科研机构等。这些辅助配套机构让生产链更加完整。

盛泽丝绸纺织业集群式供应链除了具有本地一体化的完整性、整体协作性、组织扁平性、动态竞争性、动态灵活性、复杂性等集群式供应链的特点，还具有以下特点：

（1）从形成的原因来看，盛泽丝绸纺织业集群式供应链的发展主要是由于地区产业集群的发展自发形成的。虽然盛泽政府在供应链的发展上起到了很大的促进作用，但是丝绸纺织产业的集群发展更是因为各企业为了避免因产品相似度较高而引发恶性竞争从而导致整个产业衰亡的自发选择。

（2）从系统运作来看，盛泽的丝绸纺织产业集群式供应链对于客户的需求反应十分迅速。由于产业集群内的供应链系统数量多且类型相同，所以当某一供应链的订单比较紧急时，其他压力较小的供应链就可以迅速为该供应链提供援助，这不仅提高了资源利用效率，也使其反应速度优于集群化程度没这么高的区域。

（3）盛泽丝绸纺织业集群式供应链是一个由许多不同层次的企业组成的比较复杂的网络式供应链，由于供应链网络过于复杂，合作的方式变得更加灵活多样，可以签订正式的合同，也可以采取信任这种非正式的形式合作，盛泽这个地区的诚信观念很浓厚，在良好文化的熏陶下，让该地区变得更加繁荣。

四、盛泽丝绸纺织业集群式供应链运作流程

在简化的集群式供应链运作模式中，如图 4–10 所示，涉及到三个主体，即客户、加工整理企业和织造企业，整个运作流程可以分为以下四个步骤：

（1）客户想要寻找理想的加工整理企业为其生产或加工布料时，可以借助盛泽丝绸纺织产业集群的平台，通过对产品交货时间、产品花型、配套服务以及价格和质量等方面的要求来筛选出符合条件的厂商。然后与厂商进行谈判协商，最终确定生产订单。

（2）加工整理企业，这里的加工整理企业是指提供包括染色、印花、涂层、轧光、压膜等全套加工整理服务的企业。加工整理企业在接受客户的下单之后，通过对一段时间内订单的综合分析，可以根据订单量的大小和交货时间，结合企业的现有产能制定生产计划。由于产能有限，在必要的情况下，某项非核心加工流程可以交由专门的加工整理企业去完成，这样能够更好地完成自己的核心加工流程。另外，生产计划的制定也影响着企业原材料—坯布的库存与采购。坯布的采购需要选择合适的织造企业，这点可以根据以往的合作经验来判断，也可以像客户选择生产商时那样通过条件的设置做筛选。

（3）织造企业在收到加工整理企业的订单要求之后，需要在既定的时间内完成订单数量。通常情况下，交货日期是织造企业和加工整理企业在综合考虑各自生产能力情况之后的决定，所以织造企业一般能完成订单要求。如果有特殊情况出现，无法按时完成订单，织造企业也可以利用产业集群的效应，借助其他同质企业的资源来进行补救。

（4）加工整理企业收到织造企业为其提供的坯布之后就可以开始进一步加工处理了。如果遇上客户临时追加订单或者其他突

发事件，无法按时交货，加工整理企业也可以在集群中找到其他加工整理企业为其代生产。

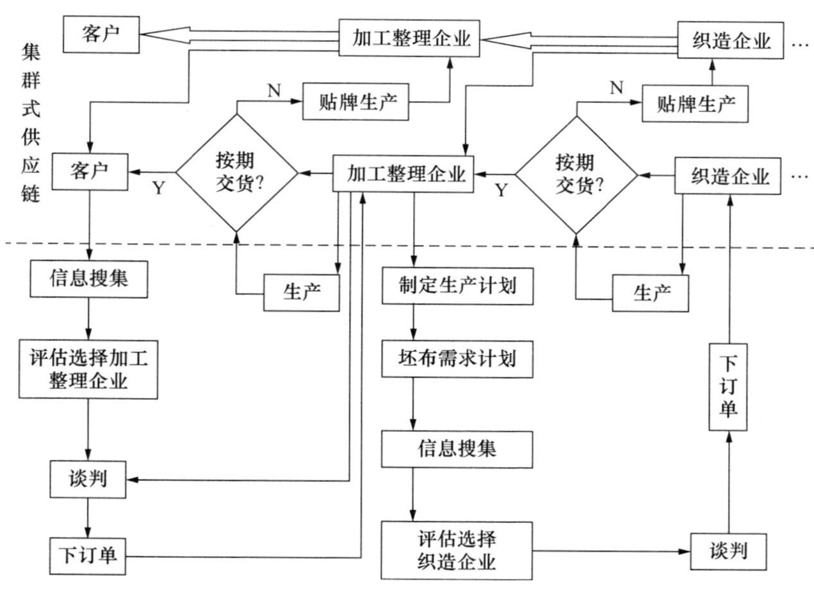

图 4-10　简化的集群式供应链运作流程

上文介绍的集群式供应链运作流程并未完全介绍盛泽丝绸纺织产业的整个过程。由于丝绸生产的工序繁多，仅加工整理就可以分为剪花、染色、印花、涂层、磨毛、轧光、电脑绣花等几道工序，与之相对应的加工整理企业也可以分为很多类，有的企业只专注于其中一道工序，有的企业可能会包含多道甚至全部工序，所以实际情况更加复杂，这里不再展开论述。

第五节　小结

本章试图对集群供应链网络的关键要素进行识别，明确在众多企业生产制造的过程中形成的体系，弄清楚它们之间的供需关系，在多条错综复杂的供应链之间提出了集群式的供应链网络模型。并根据其相关性，将网络结构分为三个种类：①产品供应链网络；②服务供应链网络；③知识供应链网络。

本章从四个方面对集群供应链网络结构相关特征和运行方式进行阐述。

（1）阐述了产品供应链网络的构成，集群供应链网络关系纷繁复杂，可大致将其分为核心网络和支持网络。这里的核心网络就是由众多的企业群共同构成，在集群供应链中处于核心的原因是它们能够创造大量的价值，具体还可以将核心网络分为垂直网络和水平网络；支持网络的构成则包括了政府部门、科研机构、中介组织及金融机构等辅助服务部门与硬件基础设施、人文及外部市场环境等因素。接着讲述了产品供应链网络具体是如何运行的。

（2）本章从四种不同类型的供应链网络的角度去理解制造业集群服务供应链网络结构，即包括信息技术服务供应链、物流服务供应链、金融服务供应链和政策服务供应链四种类型。

（3）分析了制造业集群知识供应链网络结构，笔者认为制造业产业集群知识服务供应链的特征主要有以下四点：①以客户需求为导向；②协作共赢的理念；③强调核心竞争力；④注重价值增值。然后详细地分析了制造业产业集群知识服务流程、主体结构、网络平台以及管理要素和运作的方式。

（4）以盛泽镇丝绸纺织业集群供应链为例，具体地说明了制造业集群供应链网络是如何形成和发展的，并研究了其特点和运作的流程。

第五章

制造业集群供应链网络效应

第一节 制造业集群供应链网络分工协同效应

一、产业集群与供应链网络的协同发展

波特对产业集聚现象进行了大量的研究，指出产业集群不仅呈现出大量的企业在某一地域聚集的现象，而且从企业内部分析，概括为集群企业之间以及资金、信息、物流等生产要素之间相互联结、协同的模式。从上面的分析不难看出，产业集群涉及多种产业形态，如制造业和服务业；还包括相关的构成主体，如金融机构、中介机构、科研机构。从纵向层面，产业集聚涉及供应商、制造企业、配套商、客户；从横向层面，产业集群涉及生产互补产品和替代产品的企业。因此，从某种程度上分析，许多类型和不同功能的企业聚集在某一地理区域，相互分工协作，形成复杂的供应链网络，就产生了产业集群。在产业集群中，每个成员企业与周围企业相互联结、协作，表现为紧密的横向联系和纵向联系，形成了纵横交叉的供应链网络。

实际上，产业集群和供应链管理具有很高的兼容度和互补性，呈现出相互促进、协同发展的关系。当产业集群和供应链联结在一起，共同协作，相互融合，可以解决传统企业在生产、运输、销售过程中出现的信息不对称、运输成本过高、资源分散等问题，就可以发挥各自的比较优势，利用专业化的分工服务，产生巨大的经济效应，创造更多的社会福利。

一方面，产业集群对供应链网络有促进作用。具体而言，产业集群使得大量的企业联结在一起，在相互的协同生产过程中，建立起了紧密可靠的关系。当市场出现某种需求时，受益于知识的溢出效应，供应链网络的市场主体可以迅速响应，在很短时间内找到商机。产业集群使得在该地理区域内形成物流中心，借助于物流中心的优势，物流的装卸、运输、配送效率大幅度提高，物流成本进一步降低。产业集群使得大量的协同信息平台得以建立，借助于该平台，供应链各节点的企业可以实现信息的高效、快速传递，使得信息交流更为方便，从而消除了“牛鞭效应”。在产业集群的区域，大量的资金、人才会聚在一起，企业的创新活动很活跃，创新效应很明显。供应链各节点的企业可以利用各种创新成果，提高自己的市场竞争力。

另一方面，供应链管理对产业集群也有促进作用。供应链管理的核心思想之一就是整合、优化产业集群中的资源，加强企业之间的协同合作，发挥协同效应；协同发展可以降低交易成本、运输成本、搜寻成本等，发挥专业化分工带来的好处，提高企业的运作效率，达到产业增值的效应，提高产业集群的竞争力。具体而言，供应链管理强调上下游企业之间的合作关系，秉持合作共赢的理念，相互共享资源、信息，相互支持和帮助，形成紧密的伙伴关系，营造了良好的企业发展环境，这种高效率的合作可以建立稳定、牢固的产业集群价值链关系，促进企业的发展壮大，企业的发展壮大会提高产业集群的竞争力。市场活动存在合作关系，也有竞争关系。供应链内的核心企业在市场中寻找最优的合作伙伴，与高效率的企业进行合作，低效率的企业会在残酷激烈的市场竞争中被淘汰，结果是提高了集群效率。另外，供应链网络强调企业间的分工协作，使得各种企业与要素形成纵横交错的横向联系和纵向联系，这种联系产生了许多市场活动，从而增加了相应的专业化需求，使得集群企业的产业链条得以延长，从而促进整个产业集群的内涵式和外延式成长。

二、协同效应理论

1. 协同效应的概念

协同效应原本是一种物理现象，指两种或两种以上的组分相加在一起，产生的效果大于各种组分单独作用。20 世纪 60 年代，美国战略管理学家安索夫把协同效应引入企业管理领域，在《公司战略》这本书中，他认为协同效应简单地说，就是“1+1>2”或者“2+2=5”，当两种或者两种以上的企业相互协作、共享资源，实现的产出比它们单独运作的产出大时，协同效应就会产生。日本的战略专家伊丹广之在《启动隐形资产》中对协同效应作了进一步研究，他从资源形态和资产特性的角度区别，把资源分为实体资产和隐形资产两大类，实体资产是厂房、机器设备，隐形资产则是一种无形资源。当我们通过提高实体资产的使用效率方式降低成本、增加利润，这种方式称之为互补效应。互补效应容易被其他企业效仿，难以长久维持优势，而隐形资产很难被模仿，可以产生真正的协同效应。

2. 产业集群的协同效应

产业集群的协同效应是指各种类型的产业之间通过生产协作、共享资源、技术交流等方式使得产业集聚效应增强、集群效率提高。通过生产协作、共享资源、技术交流等协同方式，企业的成本优势和创新优势得以凸显，企业的竞争力进一步增强，生产率进一步提高，市场占有率进一步扩大，对区域经济的辐射效果进一步增强。

产业集群的协同效应无论是对企业本身，还是整个产业，甚至地区经济都是影响巨大的，但协同效应的实现不是那么轻而易举，而是需要满足许多条件。首先，需要拥有劳动力、资金、技术、信息等生产要素，并将它们整合在一起，充分发挥企业以及供应商、配套商、客户等集群子系统的功能；其次，集群内部各供应商、配套商、客户等子系统要衔接顺畅、分工明确，使得资源得以高效运作；最后，内部的制造企业要与外部的政府部门、金融机构、科研机构、中介机构建立紧密的关系。当这些条件被满足时，产业集群的协同效应就会显现出来。

三、产业集群的分工协同理论

产业集群效应可以通过分工协同、资源共享、生产与市场协作、技术交流、服务支持等方式实现，其中企业的分工协同可以使得产业集群发挥最大效应。通过供应链网络的联结、分工协同的方式，企业之间实现优势互补，充分发挥各自的比较优势，促进企业的专业化发展，提高企业的市场竞争力，从而对产业集群的形成产生积极作用，其作用主要表现在以下两个方面：

1. 分工理论是产业集群形成和存在的基础

亚当·斯密在《国富论》中提到了分工理论，并强调劳动分工的作用。他研究当时英国工业革命的经济现象，认为分工是经济组织的基础，是国民财富增进的源泉，是一切生产发展的动力源，促进了资本主义经济的发展。劳动分工提高了专业化水平，提高工人劳动熟练程度，减少了工作转换时间，从而提高了劳动生产率，增加了社会财富。斯密不仅指出劳动分工可以提高生产率，还探究了分工产生效率的原因。

他认为劳动分工可以分为三种形式：一是企业内分工，二是企业间分工，三是产业分工或社会分工。企业内部的分工只会提高单个企业的生产率，难以带动相关企业的发展。企业间的分工实质是产业集群形成的最重要原因。企业间的分工使得企业可以发挥各自的比较优势，各自生产劳动率高的产品，大幅度增加市场效率，这种效率是单个企业和整个产业都无法具备的。分工的形式使得大量的企业集聚在一起，相互协作，参与供应链的各个环节，从而促进了产业集群。

2. 专业化分工是产业集群形成的重要力量

产业集群的竞争力与该地理区域集聚的企业竞争力密切相关，如果集聚企业是“小而全”类型的，企业规模很小，企业的生产过程全部依靠单独运作，则该区域很难形成具有竞争优势的产业集群。如果企业实行专业化分工，则很有可能形成具有竞争优势的产业集群。当原材料供应、物流运输服务、产品销售服务、人员培训都实现专业化分工，更多的劳动力被解放出来，企业成本降低，协同效应就会产生，这会吸引更多的技术、资金、人才等资源流入该区域，促进企业规模、竞争力的提高，吸引更多的企业向该区域集聚，从而促进产业集群的形成。

专业化分工有利于吸引大量的企业进驻，大幅度降低企业的成本，最终在该地形成产业集群。具体而言，专业化分工降低了企业的运输成本、搜寻成本、交易成本。当产品供应链的上下游企业实行专业化分工并集聚在一起，物流运输服务就会更加便捷、高效，企业的运输需求会在短时间内得到满足，因而企业的运输成本会降低。大量的企业聚集在一起，彼此之间可以迅速准确地获取各自需要的信息，降低了信息不对称带来的搜寻成本。随着大量企业的进驻，资金、劳动力、技术等要素流入该区域。企业容易获得这些资源，使交易成本降低。

专业化分工本身具有“自我繁殖”能力，该能力主要表现在两个方面：一是专业化分工使得产品在垂直方向的分工可能性增大。专业化分工可以延长产品的价值链，随着价值链的延伸，在每个生产环节进行技术层面的工序分解的概率提高，这样就使得产品进一步纵向分工，创造新的专业部门，吸引更多企业的集聚。二是分工度随技术的改进而深化。技术的日新月异提高了分工度，分工度的提高反过来会促进专业内的技术效率提高。

四、制造业集群供应链网络分工协同的效应

制造业集群的供应链分工协同是指每个企业凭借不同的核心竞争力构成价值链的各个环节，融入制造业企业的专业化分工体系。通过价值链的连接，上下游企业形成紧密的合作关系，结成牢固的网络联盟。根据价值链网络理论，制造业企业在某一地域形成集群，通过专业化生产设备、管理技术等核心竞争力，参与供应链的分工协同，可以产生多种效应，即可以促进服务专业化和生产专业化，提高产业集群的竞争力，降低生产成本，促进技术进步等。

1. 促进生产专业化和服务专业化

专业化分工提高了生产效率，降低了生产成本，吸引了大量的企业集聚，促进了产业集群的形成，是分工发展的高级阶段。在初始阶段，某一地域的企业依托核心竞争力，专门生产某一类产品，为下游企业提供服务。此时的市场规模有限，单一企业或者几个大型企业就可以满足市场需求。随着市场需求的增加，生产规模不断扩大，大量的企业集聚在一起，集中生产同类产品，使生产进一步专业化。这种产品专业化会延长产品的价值链，使得产品在垂直方向的分工可能性增大，使得专业化分工不断深化。例如，广东乐从家具交易市场集聚着大量的家具企业，这些企业彼此之间相互竞争，针对顾客的不同需求生产专业化的产

品，对产品的品种、规格、档次、花色甚至用料都进行了专业化操作。制造业企业生产一种产品需要经过不同的环节，从购买原材料到生产加工成中间产品，再到半成品，最后产成品。专业化分工程度不高的时候，企业要独自完成所有工序，当生产专业化程度不断提高时，企业可以将中间生产环节外包给其他企业。这些企业专门生产中间产品，为下游企业提供服务，促进了中间产品的专业化程度。中间产品专业化的存在，增加了中间产品生产企业与上游的原材料生产企业以及下游的最终产品生产企业之间的交易规模，进一步扩大了市场需求。

生产不断专业化，对服务的需求不断增加，使得服务专业化的程度越来越高。许多为企业提供专业化服务的机构纷纷出现。企业生产专业化的提高，生产规模不断扩大，这就会对产品的运输服务提高要求，需要专业化的物流公司降低物流成本。市场竞争日益激烈，企业需要先进技术提高专业化水平，不断提高产品质量，这就需要产品研发机构的支持。有的企业会专业生产某一类产品，这类产品价值高，具有稀缺性，这就需要金融担保机构、保险公司提供专业化服务。产品生产出来以后，要实现产品的价值，必须进入市场销售，这就需要做广告，找到适宜的销售地点，这就使得专业市场、会展中心、广告公司、咨询公司等应运而生。例如，广东乐从经过几十年的发展，成为全国最大的家具交易市场，为顾客提供各种专业服务的行业在这里一应俱全。大量的市场交易使得家具运输及相关物流服务的专业化水平不断提高。这些顾客来自全国各地，需要厂家及时将家具送达不同的目的地，这对物流的专业化运作提出了很高的要求，于是出现了东北货运、西北货运、云贵川货运等服务部门。从上面的分析可以看出，企业通过分工协同的方式，使得社会生产高度专业化，生产专业化又增加了许多服务部门，促进了服务专业化。

2. 提升产业集群的竞争优势

通过分工协同的方式，产品的价值链不断向外延伸，带动了相关的上下游企业的扩张，上游的供应商和下游的制造商可以优势互补，利用各自的核心竞争力，扩大产业规模，吸引更多的厂商进驻，使得制造业集群的规模不断扩大。制造业供应链网络是交叉纵横的，围绕制造业，除了供应商，还有中介机构、科研机构、金融机构等配套商。当这些市场主体参与产品的分工协同，大量的配套企业和服务企业参与供应链环节，大量的服务业集群就会产生，使得产业集群的结构进一步多元化。另外，基于价值链的分工协同方式，参与分工的企业数量众多，彼此之间替代程度高，这使得同种类型企业会面临激烈的市场竞争。企业会采用差异化的方式，进一步提高专业化水平，提高产品的竞争力，从而提高市场竞争优势。企业的纵向分工促进核心制造企业的成长，核心制造企业的发展就会带动中小企业的发展，最终形成完整的供应链体系，促进产业的集群。核心制造企业通常掌握核心技术，创新能力强，在产业链条中占据最重要的地位。它的发展壮大产生了技术外溢效应，使得先进技术会逐渐扩散到中小企业。中小企业与核心企业进行分工协同，也会得到发展。例如，温州柳市的低压电器产业集群拥有正泰、德力西这样的核心企业，在这些企业的带动下，众多的配套企业不断出现，企业的规模不断扩大，数量不断增加，产业集群的竞争优势日益增强。

为了阐述制造业供应链网络分工协同对产业集群的作用，我们以中国的林—浆—纸产业为例进行说明。当前，由于产权关系，我国大部分林、纸企业内部的组织化程度不高，组织结构是“大而全、小而全”的类型，木材制造企业与制浆企业、造纸企业尚没有建立起专业化的分工协作产业网络。核心制浆造纸企业的配套供应企业也很少，造纸企业不是把木材加工、木浆生产等生产环节委托给木材加工企业、制浆企业，而是单独完成造纸的许多生产程序。由于缺少专业化的分工，相互协作的效应也难以显现。木材、木浆的利用效用不高，资源浪费严重，还造成了环境污染。林纸企业之间恶性竞争，扰乱市场秩序，结果是两败俱伤。造纸成本难以降低，林—浆—纸产业集群的市场竞争力并没有因此增强。

当木材制造企业与制浆企业、造纸企业等通过供应链分工协同的方式，建立战略合作关系，彼此之间加强合作，各自依托核心竞争力，林—浆—纸产业集群的竞争力明显加强。通过分工协同的方式，所有参与造纸企业的市场主体被纳入到供应链网络，供应链分工不再仅仅是供应商—制浆造纸企业—客户的纵向一体化的形式，而是充分考虑到配套商、中间商、金融机构、政府部门等角色扮演的作用，将纵向一体化的模式转变为横向一体化的供应链网络。在这种模式下，木材供应商、制浆造纸企业、零售商、客户、商业银行、相关政府机构之间进行相互沟通、相互合作，共享信息资源，实现资源整合。木材供应商与制浆造纸企业、造纸配套企业、客户形成产品供应链网络，彼此之间进行分工协同，以最小的成本生产优质纸张。木材供应商与制浆造纸企业、造纸配套企业之间的经济联系很密切，但它们也需要与政府、金融机构、科研机构发生联系。造纸企业遭遇经营困境，就需要银行信贷资金的支持；造纸企业要不断提高造纸技术，就需要科研机构的技术服务；造纸企业的生产活动也需要政府提供交通、通信、水电等公共服务，这些主体构成了服务供应链网络。

3. 降低企业的成本

企业通过分工的形式，促进生产不断专业化，提高劳动的熟练程度，减少员工的工作转换时间，提高劳动者工作的专注程度，促进了工艺的改进、设备的改良，这就会提高劳动生产率，使得生产规模不断扩大。生产规模不断扩大，使得规模经济效应发挥作用，降低了产品的平均成本和边际成本。另外，分工提高了企业组织的运作效率，减少了企业的冗员，使得人机搭配更加高效，人员协作更加合理，从而降低了人工成本。

前文提到了盛泽地区的纺织产业，在这里，我们还以该地区的纺织产业为例来说明分工协同理论如何降低企业的成本。盛泽位于苏州市吴江区，是江苏、浙江、上海的交汇地带，交通位置重要，交通区位优越，方便产品运输，有利于产业集聚。盛泽拥有悠久的纺织业发展史，早在明清时期，该地区的纺织业就很发达，远近闻名。近代以后，受到国外工业纺织产品的冲击，该地区的纺织业一度萧条。改革开放以后，虽然纺织业产值低，但盛泽纺织业具有一定的技术基础和人才基础，加上国家政策的支持，纺织业实现了快速发展，逐渐形成了纺织产业集群。盛泽地区聚集着纺丝企业、织造企业、印染企业等不同功能类型的企业，实行“纺丝—织造—后加工”一体化分工协同模式，拥有完整的纺织产业供应链条，形成了研发、生产、销售一体化的运营模式。在龙头企业的带动下，相关的上下游企业获得了快速发展，配套企业积极融合供应链系统，使得参与分工协同的企业越来越多，产业分工越来越细，越来越专业化，出现了化纤纺丝业、坯布织造业、印染业、涂层业等产业部门。这些企业聚集在一起，整合各种资源，通过分工协同的方式，形成了纺织产品的生产供应网络。盛泽地区的纺织业不仅是纵向分工协同的生产形式，更重要的是横向分工协同。产品供应链外部还存在服务供应链系统，服务供应链系统由金融机构、中介机构、政府机构、科研机构、物流公司等服务部门组成，与纺织产品生产链条形成纵横交错的供应链网络。纺丝企业、织造企业、印染企业与这些服务部门相互联结，参与分工、积极协作，建立紧密的合作关系。在当今的市场活动中，服务机构为纺织企业提供更为先进的纺织技术、管理制度、优质人才，在产品生产过程中的地位越来越重要。

经过几十年的发展，盛泽地区聚集着不同类型的纺织企业约2300家，拥有大量的纺丝企业、织造企业、印染企业等不同功能类型的企业，已经形成了纺织业产业集群。在盛泽地区，围绕纺织业，已经形成了完整的产品供应链网络、服务供应网络、知识供应网络。这些网络交织在一起，实现了信息、资源的共享，极大地降低了企业的成本。在盛泽地区，上下游的纺丝企业、织造企业、印染企业集聚在邻近的工业区或者开发区，当它们之间需要业务往来时，因为距离近且交通便利，企业的运输成本大大降低。除此之外，大量的企业聚集在一起，基于公共的利益形成紧密的关系，借助互联网的平台，纺丝企业、织造企业、印染企业等不同功能类型的企业可以快速、廉价地获取许多信息，这样使得企业的搜寻成本得以降低。随着大量企业的进驻，产业集聚效应不断增强。劳动力、资金、技术集聚在一起。企业可以在较短的时间内获取相关资源，从而降低了交易成本。

4. 促进技术进步

当制造企业实行分工协同的方式时，生产会更加专业化，可以大幅度提高劳动生产率。员工可以减少劳动的转换时间，把更多的时间和精力专注于某一生产程序。在这一过程中，员工可以提高劳动的熟练程度，积累更多的生产经验，并通过不断地尝试、总结经验教训，从生产过程中获得灵感和启发，从而促进传统技术的改进，还极有可能促进新技术的出现，这是在单个制造企业内部出现的技术进步的情形。实际上，分工协同带来的技术进步效应不仅发生在制造企业，还出现在供应商企业、配套商企业。制造企业的技术进步激励供应商企业、配套商企业跟上制造企业的步伐，不断提高生产技术水平，这样才能够使自身更具有竞争力；同时，分工使得供应商企业、配套商企业提高专业化水平。随着生产过程不断专业化，生产组织、管理方式不断改进，技术进步的空间变大。技术进步的情形不仅发生在产品供应链网络，也可以发生在服务供应链网络。制造业的分工一方面促进了制造企业的产业集群，另一方面也促进了服务企业的发展。这些服务企业可以发挥协同作用，促进新技术的出现。例如，当科研机构也参与产业链的分工协作时，它们就可以利用人才、技术、政策优势，发挥各自特长，从事专业的事情，为企业提供需要的先进技术。

我们还是以盛泽地区的纺织产业为例来说明分工协同的方式是如何促进技术进步的。盛泽地区的纺织产业很发达，专业化程度高，纺丝企业、织造企业、印染企业等不同功能类型的企业大量存在。在整个纺织市场，参与纺织业务的企业多达近万家。围绕纺丝、织造、印染等工艺，这些上下游供应链企业在织物技术上下功夫，开发了丝绸、仿真丝、合成纤维、棉麻等多个系列的上千个品类，促进了印花、磨毛、涂层、烫金等一批新技术的出现。除了这些生产企业，盛泽地区还拥有大量的服务企业，如金融保险企业、物流运输企业、高校、科研院所等。高校、科研院所具有人才、技术优势，可以参与制造业供应链的协同，与制造企业建立合作关系，促进纺织技术的研发和升级。纺织技术的改进不仅需要发挥人力资本的作用，还需要资金的支持。金融保险企业可以为企业提供信贷资金，这也为纺织技术的改进提供了良好的市场环境。

第二节　制造业集群供应链网络资源协同效应

在上文反复提到的全球化竞争市场的大背景下，企业之间的竞争实质上已经转化为两个不同供应链之间的竞争。此时为了能够获取更大的市场竞争力，供应链网络协同管理这一新理念和哲学成为了企业争相研究的重点，这一理念的基本观点是以市场中的客户的真实需求为导向，通过掌握客户的真实需求，来达到占据一定市场份额的目的。除此之外，相互之间还要形成协同、信任且能实现“双赢”局面的机制为集群主要商业运作模式，其中处于集群中盟主地位的核心企业，通过运用现代各个方面都已经十分发达的科学技术，达到对整个供应链上信息、资金、管理以及相应物资流动的管理，从而能够将各个零散的部分有效地结合连接成一个完整的网络结构，并通过网络的形成建立起较之以往更有竞争力的集群。由此可见，其本质就是将集群中有限的资源最优化配置，来达到发挥出资源的最大利用率和节约企业成本的目的，这当中的重点是资源的有效协同。因此，我们在本章当中对资源协同的研究有着十分重要的意义。

一、概念

从供应链中各个节点上的企业来看，企业发展中所面临的资源环境主要有两种：一种是其自身所携带的资源环境，另一种是其他成员企业所携带进来的资源环境。企业在加入集群时，其所携带的资源环境主要通过其智能性和动态性体现，这种动态性使得各个成员企业都将自己在过去发展中逐渐积累下来的经验和阅历作为自己最宝贵的核心资源。这种核心资源体现的是企业过去所有资源的一个总和，这个资源集合可以在企业下一步的战略制定中起到主导性的作用。系统中的其他成员企业所携带的资源环境在供应链中所表现出来的都是一个复杂的适应子系统，其中存在着大量的资源在不间断地流动，这些流动也使得供应链内部具有对外界情况有着很强的适应能力和竞争实力。

根据相关特性，本节认为供应链资源协同的本质是以协同学学科为指导思想，综合运用合适的方法、手段与方式对集群内的资源进行整合，并在整合之后通过成员之间的相互合作和协调而实现资源的一致性与互补性，最终产生一个序参量，这个序参量可以支配整个供应链资源系统协同发展，使供应链资源从低级无序状态转变到高级有序状态，并有效地使系统产生整体作用大于各个要素所独自产生的作用之和，这种系统管理方法也使得集群资源可以被高效地协调统一。

通过上述定义我们知道，这一理念就是将供应链上各个不同成员企业的所有资源视为一个系统作为自己的基本思路，并通过这个基本思路对所有资源进行一个统一的调配，使整体资源可以相互渗透，相互之间有所联系，并使得资源可以合理地分配组合，以此来实现资源的优化利用，从而来实现资源的有效功能和将能获取的资源效益最大化的目的。通过这种资源协同可以达到节约各个企业有限资源的同时，也可以使得其他同类型的集群很难模仿这种协同模式。从战略思维的角度上来讲，资源协同的思维方式与系统论不谋而合，要有效地通过组织和协调，将供应链上彼此之间相关却分离的单个资源集体整合成一个新的系统，统一地进行一个合理规划。换个角度，在战术选择方面，这么做也是一种对资源配置进行优化的决策。根据不同的市场需求和发展战略对资源进行重新整合与配置，取其所长避其所短，寻求整体资源配置与市场中顾客的真实需求二者的最佳结合点。通过合理的制度与管理运作来增强供应链整体的竞争实力与优势，提高对客户提供的服务水平和企业盈利现状。

二、内容

在供应链复杂适应系统中，资源分为有形的和无形的两种不同类型。有形资源是那些能够用价值指标或货币指标直接衡量的可以被我们直接观察到的资源代表，并且可以通过实际的统计直观地表现出其数量大小，这一概念主要有设备、厂房、资金、人员与商品等几个不同方面。

所有有形资源有以下几个主要特征：

（1）可交易性。通过在市场中建立起来的交易可以使企业获得有形的资源；反之也可以通过与其他不同企业达成的市场交易将自身所具有的资源出售。

（2）唯一性。市场中的有形资源一旦被某个企业最先占用，那么其他企业就无法在同样的时间拥有或使用这一有形资源。

（3）独立性。有形资源可以不通过与其他资源同时使用这一步骤来实现自身所具有的价值。

（4）有形资源中边际收益呈现逐渐递减的趋势。

（5）较弱的积累性。积累有形资源的步骤不需要企业花费大量的时间，随时可以通过市场中的交易获取到相关的有形资源。

无形资源是指在企业中不具有固定形态，但可以为企业创收的资源，具体有信息、技术、管理、文化、经营理念、营销手段等。有以下三个重要的特点：

（1）无形性。无形资源在企业中存在的形式不是实物形的资源状态。

（2）很强的积累性。企业在获取无形资源时，无法通过像有形资源一样的步骤从市场中直接购买，而是必须通过自身长期发展壮大以逐步积累所得。

（3）非排他性。与有形资源不同的一点是企业的无形资源可以同时被几个不同的企业所共同拥有。

在供应链这一复杂的体系中，资源的交换也随着供应链的复杂性变得复杂起来，在体系中，资源的交换形式一般是有形和无形的资源融合在一起作为一个整体进行交换，按照实际运作情况中设立的流程与本节在进行研究时根据实际情况所需要的研究点，可以将供应链系统资源细分成五种不同的种类，即物流资源、信息流资源、资金流资源、管理流资源和市场流资源。在这种详细的分类框架规定下，上述五种资源中，既包括有形的资源也包括无形的资源。企业的某一特定资源也可能被同时应用到两种或多种资源类型中。例如，企业的财务报表，即属于有形资源的范畴，其中包含了大量的企业经营中产生的信息流，属于无形资源的范畴。因此本分类框架是按照供应链运作流程的实际需要来进行划分的。供应链实际运行过程中的每一次资源交换都可以对应详细的上述五种要素的流通范畴，这五类也就基本上包含了供应链复杂适应系统中的所有类型的资源。据此也可以将供应链系统详细划分为五个子系统。

在这一体系中资源的协同既包括各个成员之间的根据某一类具体资源建立起来的协同，也包括系统中五类资源流之间的协同。通过这两个不同的种类可以把供应链的资源协同详细划分为纵向与横向两大不同类别的协同。纵向上的协同指的是不同成员企业之间就某一同时需要的资源开展的协同，是以企业自身为主体，以某一具体资源为对象的协同，这一协同很大程度上决定了供应链整体协同程度的高低。一种协同资源程度无法匹配其他四种资源程度的话，那么整个系统的协同程度也会受到影响，并随之出现下滑的状况。这一点也从一个方面证实了供应链资源协同的基础是纵向上的资源协同，也是供应链资源系统协同的充分必要条件。

如果供应链中每一个资源的协同程度都处于一个很高的水平，那么供应链资源系统的整体程度是否会随之提高呢？答案显然是否定的。因为除了我们上述所说的纵向上的协同之外，资源之间必须也要相互协同，这就是我们在上一段中提到的横向上的协同。某种情况下，供应链任意一个资源类型子系统的协同程度都很高，但是供应链系统的整体协同程度却不明显，这一状况充分说明了各个资源类型子系统由于时间或其他因素导致它们之间的协同程度不高，也就是我们所说的资源在横向上的协同程度很低。相反，即使各个资源类型子系统之间的协同程度很高，而每一个资源类型子系统的协同程度都很低，系统的协同程度也会很低。因此，我们可以得到，只有处理好资源在纵向上与横向上两个方向的有效协同，才能使整个供应链复杂适应系统的协同变好。

三、影响供应链网络资源协同效应的因素

1. 选择合适的合作伙伴

在当今市场中，激烈的竞争局势让所有身处市场的企业深深地感觉到了自身发展所面临的限制因素，并且无法高效率地完成获取价值所必须的工作，其中的某些企业难以在瞬息万变的市场氛围中为顾客持续提供高质量的服务与产品。上述的这些限制因素以及企业发展的需求促使各企业在合作中自发形成了供应链，以及不同供应链之间相互作用形成错综复杂的供应链网络，这一集群内的网络由各企业协同合作自发形成。不同企业将自身有限的资源集中在核心业务的经营上以形成强大的核心竞争力。不同成员之间在进行价值创造过程的主要表现为合作，为了在市场中分到更多的蛋糕，每个企业之间都在努力相互合作，共同进步。

所有企业集群内的供应链具有灵活性这一动态的发展模型，这也使得供应链可以灵活地根据自己的需求随时进行筛选、调节集群内的相关资源信息，进而使集群核心能力加速形成。这一职能也受到了供应链本身的工作机理的影响。为了能够对市场快速变化的氛围做出及时的响应，在集群发展过程中，长期存在“组

建—筛选—抛弃—组建”的动态循环过程，通过这一过程可以达到对不同节点企业进行调整的目的。供应链这种调节职能使集群有效地进行推陈出新，提高集群的整体竞争力，使集群的运转能力全面提升。

2. 信息交流与共享

供应链上下游的企业之间有效的信息交流与共用，相互沟通并将资源拿出共享，一方面可以有效地配置有限的资源，来达到节约成本创造更大效益的目的。另一方面通过共享信息可以避免信息的不对称，降低“牛鞭效应”造成的损失。企业可以将生产与配送信息、库存信息、需求信息等信息拿来与其他企业一同共享。对于处在上游的供应商企业来说，了解处在下游的制造商企业中日常的生产活动与对原材料的需求信息这两方面的内容，将更有利于其为制造商企业制定出更为准确的计划，并根据获取到的信息合理地调整自己的送货量，减少制造商的库存压力，实现更可靠的供应行为。对于那些处在下游的制造商企业来说，通过了解相关的供应与配送信息，可以帮助企业对自己的订货计划进行修改和重新制定，提高效率并保证各个部件的供应不被意外中断，保障生产工作进度的顺利实施。

信息共享的前提和有效保障是要建立起相应的信息共享平台，共享效率依赖于信息的标准化、规范化，以及整个系统关于信息传输共享技术的提升。集群内成员企业的信息共享效率提高可以促进供应链整体资源协同效应的提升。这一切的大前提是共享的信息必须真实有效，虚假的信息会耽误整体集群的运转效率。

3. 在资源上体现出来的边际效益规律

在供应链中对资源的使用方面可以体现出边际效益的相关规律，资源的效益与使用数量呈现负相关的关系，使用数量增加，边际效益就会随之递减。所以，上下游企业在达成一项合作时，成功地整合整体资源后，资源由处于上游的企业分配给处于下游的企业，上游企业的资源就会减少，可是边际效益却增加了，上游企业的总效益也会随之减少，同时，下游企业的资源总数却得到了增加，但是边际效益逐渐减少，但是下游企业的总效益却在增多，但上下游企业所处的集群整体总效益是逐渐增多的。所以，通过资源整合所引起的协同效应可以为所有企业创造出更大更可观的收益。

可是在实际情况中，对某些资源实现整合后，并没有如理论中一样处于资源分配一方的资源总数会减少，如共享信息等，所以这一规律所引起的作用是很明显的，对资源进行整合也是十分必要的。目前，若我国企业可以实现资源的协同，将资源拿出来进行共享，我们相信可以创造更高的收益。

4. 相关资源协同合作的战略

供应链在运营的大环境中，供应链中的企业必须要解决原有方式下长久以来形成的消极的、敌对的关系，将其转变为新的、能够将过去企业视为机密的资源进行共享，如人员、流程以及其他方面的信息。这样合作有利于双方组织维持着一个良性的持续性发展态势，也能使企业相互之间加强认知程度，包括管理、技术、开发、应用等每一个不同方面的认知程度，在提高认知程度上能够进行关键流程的整合与重新改造。形成新的合作模式之后，不再像过去那样以发布告示的形式来向对方通知自己最后的决定，而是换成更高效的协同配合与共同决策。

企业同时可以借助产业集群或区域内有关研究机构取得的新科研成果以及人力资源管理方面的经验，将自己原有的品牌认知度从本质上提高，同时通过认知度的提高来树立良好的客户口碑，通过顾客口碑来吸引新的客户，成功产生出一个高效的外部市场效应。此外，处在集群盟主地位的核心企业，其品牌也具有很强的外部性，通过这个外部性可以为其他集群内的成员企业创造一个良性的市场环境。

四、约束与限制条件

资源协同必须要有一定的约束条件限制才可以使其顺利地进行，在结构模型的建立和发展过程中必须使所有的成员企业遵循共赢、动态性、平等公平、无私共享和求同存异等原则，只有这样才能使资源协同的效应有保障。

1. 成员企业共赢原则

追求更大的企业利益是成员企业在加入集群供应链时最大的驱动力，在这样的需求之前，只有当集群内的资源协同对所有成员企业都没有损害时，才能在企业之间建立起一个稳定且牢固的协同关系。通过这一关系，可以实现对资源的优化配置，取得最大化之后的效益，从而可以使各个企业获得一个长远的未来化收益，即各成员企业获得的集体收益要远大于单独行动时所获得的单独收益，否则容易在发展过程中出现叛变的现象。

2. 共享原则

在这一协同过程中，各个成员企业自身都拥有自己较之其余企业的优势资源，生产商企业所研发的先进生产设备，供应商企业通过自己的渠道获取的相对便宜的原材料，分销商企业通过自己良好的市场沟通渠道所积累的优质营销渠道等，只有将上述这些自身的优势资源拿出来向集体进行共享，让成员企业彼此之间可以取其所长避其所短，用从合作伙伴身上得到的优势资源来弥补自身的劣势，才能使集群内的资源得到最大程度的利用，达到协同的效果。

3. 动态性原则

由于市场中的消费者需求会随着市场信息不断改变，消费者对于企业原有产品或服务的审视尺度和评判标准也会不断改变。在供应链资源的协同过程中，这一点就对企业提出要不断捕捉市场中最及时最准确的信息，根据消费者的真实以及最新的需求及时变更自己对资源的配置，只有最终得到的结果能符合市场的变化时，才会使资源协同的效应不断增强。因此，我们不能习惯性地认为供应链内的资源协同是一劳永逸、亘古不变的，在建立资源协同时首先要坚持的就是动态性原则。

4. 地位平等原则

在供应链资源协同的过程中，无论成员企业拥有资源数量多少、规模大小，在组成集群供应链时都必须遵循地位平等的准则，这样才能使合作环境更加和谐，才能让成员企业培养出资源协同的信心。当然，在建立初期拿出相应的利益分配方案时，要充分考虑不同成员企业的资源贡献量以及所担风险的大小，资源共享量大以及承担风险大的企业集群应该给予相关的补助，以增强企业合作的积极性。

5. 大同小异的原则

各个成员企业之间虽然表面上有紧密的合作关系，同时也具有整体的经济利益与集群共同的发展愿景，但是毕竟各个企业在形成集群后还是严格意义上的独立运行的经济实体，每个不同的成员企业都有自己长久发展以来形成的传统和企业文化。因此，在供应链协同的过程中一定会存在着相应的利益和文化冲突。在供应链整体利益最大化得到保障的大前提下，我们应该允许各个成员企业之间存在着适当的差异。这一矛盾运动也是系统发展与壮大最根本的动力所在。

五、制造业集群供应链网络资源协同的效应

供应链复杂适应系统在资源纵向协同与横向协同的共同作用下，通过供应链资源协同机制会产生多种效应。

1. 经济效应

供应链协同的根本动因就是为了追求经济效应，通过资源协同产生的经济效应主要包括规模经济效应和范围经济效应。所谓规模经济效应是供应链节点企业间通过资源的互补、整合和有效配置，从而扩大生产规模降低生产成本，带来明显的经济效益。范围经济效应是指根据供应链节点企业的不同资源优势，进行不同业务之间的协调管理，供应链以更低成本、更快速度发挥已有的资源优势，并建立新的竞争优势。规模经济与范围经济之间既有区别又有联系。如果投入增加能够减少单位成本，那么就存在规模经济；如果随着生产活动多样化增加而减少成本，则存在范围经济。通常用平均成本来定义规模经济，而用相对成本来定义范围经济。

供应链上各企业的优势资源各异，通过资源协同可以利用其他企业的核心资源，实现资源优势互补，而企业只从事具有优势的核心活动，从整条供应链来看，资源利用效率大大提高，这种整合所创造的供应链优势是单靠一家企业所无法做到的，具有不可替代性、不可模仿性。资源协同本身可以创造价值，即通过整合各节点企业的有形资源和无形资源，相互匹配，可以形成资源的集束效应。

2. 管理效应

管理效应主要是指供应链节点企业之间通过资源的协同，带来企业文化上的交流与融合，从而改变企业本身的管理模式，或者从根本上产生一套适合供应链系统发展的新的管理模式，从而带来管理的变革，降低管理成本。管理效应的大小会因为供应链实际情况的不同出现巨大的差距，它可能在整个系统的协同过程中都无法产生，一直是零，也可能会带来比经济效应更大的经济收益。

供应链是由供应商、制造商、批发商、零售商以及最终用户组成的功能网链结构，实行供应链的协同，各节点企业之间犹如

"一条绳上的蚂蚱"，命运息息相关，因此相互之间必须进行充分的沟通与交流，以整条供应链的最终目标来进行自身的经营与发展。协同的供应链要能利用先进的管理技术，如信息技术、库存管理技术、物流技术、网络技术等，这些技术的应用可以提升企业管理者的自身素质，更新管理理念，提高管理水平，对企业发展有很大的好处。

3. 学习效应

学习效应包括两个方面的内容：一方面是供应链节点企业间彼此的学习，取长补短，带来效率的提高；另一方面是供应链系统根据过去的经验而导致单位成本减少以及组织新的协同的产生。资源协同的产生需要供应链系统内部通过广泛而深入的相互沟通和协调，这其中必然伴随着正式和非正式的组织学习。知识的沟通和共享形成了资源协同的学习效应。供应链系统内部价值网络的形成，使系统内部不同资源之间通过学习和交易建立起有效的协作组合方式。交流与沟通则是这种协作中学习和交易的关键。学习效应是协同效应的核心，不仅为资源协同提供坚实的基础，而且产生新的协同机会。缺乏学习效应，系统就失去了协同的可能。经济效应、管理效应和学习效应三者之间往往是相互交织在一起，并没有明显的界限区分。

第三节 制造业集群供应链网络生产协同效应

一、产生背景与要求

当今世界，随着全球化趋势在各个国家、领域中的渗入和普及，全球化市场的竞争日趋激烈，之前传统单一落后的企业产品创新模式显然已经无法适应产品周期缩短、技术日趋复杂、消费者需求快速变化的新形势和新背景。这一新时代背景就要求企业要打破组织间的界限，充分利用企业外部资源，以求在产品创新中获得更显著的竞争优势。此时，供应链网络生产所产出的协同产品由于其可以共享创新资源，并且分担了创新成本，同时又降低了创新所带来的风险，在当今制造业集群中被认为是一种有效的协同产品创新模式，并且被越来越多的企业应用于实际生产工作中。在这样的大背景下，就对整个集群企业的供应链网络生产提出了高度的协同要求，具体表现如表 5–1 所示。

表 5–1 集群企业供应链网络生产的协同要求

具体表现	具体内容
敏捷化协同	其具体导向是以增强集群供应链中的企业对个性客户需求的适应能力，将基本着眼点放置在快速重构动态联盟，依托于当今快速发展的网络技术，基于上述所有的内容来实现供应链网络企业之间的合作和优势互补。要求企业在合作与生产工作中将自己的着眼点放在提升柔性、速度以及质量方面，并且自始至终快速地找准市场客户的需求。努力缩短交货周期，以此来实现利益共享的多赢目标
供应链网络生产协同的多维网络化	若干企业为了满足市场中特定消费群体的需求所建立起来的合作关系网络，在这个关系网络内部，企业之间的相互协同不再局限在上下游企业之间的协作，其余网络中各个节点上的企业在信息共享的基础上，都应该最大限度地发挥自己的优势，共同协作进行开发和生产活动，这样做的目的是为了能够快速地把产品推向目标市场
供应链管理的智能化	在当今时代的大背景下，互联网的快速发展和智能化办公的普及，供应链的构建也变得更加顺应时代潮流，通过企业之间所构建的智能化信息系统，并且依靠信息系统之间流通的庞大数据流，我们能够构建出更加强大的供应链合作关系，这样做也可以更好地将企业之间的关系变得更加智能化，目的是为了形成一个可以快速及时做出反应的计划，以最佳的方式来为客户开发最佳的产品

只有满足上述要求，制造业集群这个整体才能发挥出最大的效用，以实现发展目标，仅仅只靠某一个企业很难实现优化供应链网络生产协同的目标，所以只有达到集群企业在供应链网络生产中的高度协同，才能实现低成本与高效率的统一，发挥出集群的竞争优势。让制造业集群供应链网络生产在各个企业中产生一个良性效应。

二、集群特点

那么作为一个新兴的集群模式，其主要特点如表 5-2 所示。

表 5-2　集群特点与表现形式

具体特点	表现形式
共生性	集群内众多企业在各自的产业上具有很轻的关联性，能够在生产中将诸多的产业要素进行共享，主要包括人才、信息、市场与科学技术等。共生性可以通过集群内高度相关产品成群地出现这一现象所体现，并且这些产品通过共生性与其他实体呈正相关的关系
网络性	在笔者看来，制造业集群也是社会关系型组织的一种，通过这种关系赋予了制造业集群网络性的特点，在这种关系中，成员企业必须从自身方面自发地接受集群内部合理化制度的引导，这样也能使不同企业间获得的信息更加对称，交易成本也会随之降低，并使集群的规模优势逐渐确立，同时也增强了风险抵抗力
跨越性	在本书第一章研究背景第一节我们写到，当今的市场，是一个国际化的开放型市场，市场中存在着许多企业，不仅仅有跨县、乡、镇的现象而且跨市、省，例如，与江西省紧紧相依的湖南省，在其省内建立起来的长株潭工业制造群，就是一个典型的跨城市工业制造群。从建立初期至今，这一工业基地在全国市场发挥着巨大的影响力。我们相信随着全球化大背景的不断深入，这种现象会越来越多地出现在我们的日常生活中

续表

具体特点	表现形式
企业背后有高素质、高专业素养的咨询团队	集群企业在日常运营时，难免会遇到突发情况，这时就需要有一支由相关供应链咨询专家、龙头企业等成员组成的团队来为相关集群提供供应链理论的前沿知识，并且可以指导他们进行实例操作，以帮助成员企业制定出战略规划、方案筛选等工作。典型的案例有我们在文章开始就提到的丰田公司产业集群，它们在1977年挑头组建起了一支专门的咨询和解决相关企业问题的团队（OMCD），这个团队有6个成员和50个顾问，丰田公司将这个团队组建起来之后，将其分配给各个供应商，帮助他们解决相关的问题，这样就使得OMCD成为了一个有效的知识资源体系，有助于帮助供应链成员履行自己的职能
政府的引导作用	集群所在地区的政府要根据相关的具体情况发挥其引导作用，这就要求政府搞清集群中的复杂关系，最好是政府部门根据实际的地方需求出面组建，在集群建立后，还要制定并出台相关的政策来维护集群环境
龙头企业的盟主作用	核心企业也可以被我们看成是龙头企业，在每一个联盟中都需要这样一个企业来做联盟的发起者和领导者，需要他们做联盟与外界联系的统一点，这些企业一般是联盟中较之其他企业品牌的强势品牌。其作用还有对内可以协同成员关系，对外可以整合资源

近年来，各个国家和区域经济的推动受制造业集群供应链网络生产这种模式的影响逐渐变大，因此，拥有一个好的集群内外部关系和强大的地方核心竞争力就显得越来越重要。所以，通过供应链网络建立起来的制造业集群协同生产模式也应该成为我们当今研究的重点和中心。我们希望对该问题的研究可以促进集群中的企业找到核心竞争力，形成一个有机的发展模式，迎来新的生机。

三、设计依据和运行机制

通过波特的经典五力模型可以知道，企业在发展过程中，需要考虑竞争者、供应商、分销商、顾客以及潜在进入者和替代品这五种基本的生产要素。产业集群中位于盟主地位的核心企业借助供应链协同模式将网络中的其他成员融合成一个动态的联盟，形成采购、物流、分销等平台，通过集群供应链中每一个小企业的竞争力凝聚来提升整个产业的核心竞争力。制造业集群供应链网络生产协同运行体系主要是在核心企业的推动下，供应商、制造商、销售商和服务商等供应链组成成员，会同所在地方政府、行业协会、金融机构、科研院所等支撑机构共同搭建起来的产业集群化模式，这个模式的前提是有一个协同机制，以协同技术做其支撑，以信息共享做其基础，由成员共同创造出一系列协同效应的集群。在这个集群中，企业随机应变能力比单兵作战时强，并且集群整体竞争力也会由于成员的聚集效应而得到增强。

1. 体系组成

这一体系在横向上是由核心企业、支撑机构以及供应链上下游企业等模块共同构成，我们可以将这个体系认作以提升集群和各个企业核心竞争力为最终目的，三大主体分别为核心企业、支撑机构、成员企业构成的交互式网状系统（见图 5-1）。

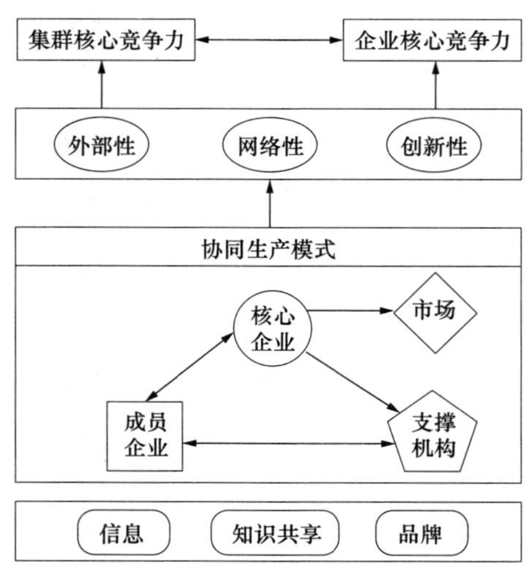

图 5-1　制造业集群供应链协同生产模式运行体系

从图 5-1 中我们可以看出，在这个体系中，整个系统的龙头企业在这其中起到了主导和协同生产的作用。因为这个集群是单个企业的集聚和累加，其整体的核心能力不能再用单个企业的核心能力总体加成，若想得到一个准确的结果，必须在计算时考虑到集群内的内外部协调能力，以及成员企业的核心能力。这只是理论层面的讨论，在现实中，一个集群中可能会被引入多个核心企业，并且在上述内容中我们不止一次地提到了集群内部各个成员之间存在核心竞争力，当遇到这种状况时，为了保证强大的集群整体核心竞争力，龙头企业必须出面协调好相互之间的关系，确保资金、服务、信息在各个成员企业之间的有效流通及共享，只有这样才能使集群内的纵向合作模式发挥更好、更高的效应。图 5-1 中每一节点的设计和布置都是不可或缺的，它们相互之间所做的任何经济活动都离不开所处的社会系统，并且受到集群内的其余成员的紧密制约。

2. 成员企业资源共享

在整个体系中，核心资源不仅仅只掌握在一个企业的手中，所有的成员企业都可以通过平台来共享知识、信息、品牌等。在这三者之中，出现次数最频繁的交流资源是信息，在信息中可以涵盖集群内方方面面的战略，以及关于获取到的市场情报和外部市场资料等。知识，顾名思义指的就是整体所独有的专利以及管理经验等。品牌可以分为两种类型：一种是集群统一品牌，另一种是集群每个成员所特有的单独品牌。第一种品牌普遍被成员们拿来共享，企业可以借助产业集群的代表品牌来建立起优秀的客户口碑，接下来就可以通过这一优秀的客户口碑在市场中吸引到新的顾客，通过新的顾客来建立良性的外部市场效应。另外，集群内的核心企业本身就是一张拿得出手的金字招牌，可以通过它来创造良好的市场环境。

3. 地位平等

在对整个体系中的资源进行整合和管理的过程中，所有加盟企业的地位都是平等的，没有绝对的隶属关系，但是必须制定出每个成员都同意的相关协议和股权来共同承担风险，成为一个利益共同体。在这其中各个合作伙伴在各自利益之间还要保持一种战略的相容性。供应链协同联盟体系要远远超过传统企业间的联合和协作的概念，要求各个加盟成员履行自己的职能。

4. 契约式联盟体系

整个联盟属于一种契约式联盟，成员没必要拿出资金购买并持有股份，取而代之的是以一种选择功能性协议的方式，专门针对单个或者多个服务项目进行合作，拿出综合性的解决方案。作为一种以动态联盟为核心的组织形式，在不会占用企业太多资金的同时又可以发挥各自核心优势是其独有的优势，但企业对联盟的控制力差并且其目的是通过资产组合来共担风险、分享收益这一劣势同样明显。

5. 运行效用

集群企业能够借助整个运行体系的优势，企业相互间通过集群建立初期形成的资源共享机制，创造出一系列外部性、网络性、产品创新性等不同方面的协同效应，最终能够使整个集群及其内在成员企业的核心产品竞争力得到提升，具体表现如表 5–3 所示。

表 5–3　协同效应及其具体表现形式

特性	表现形式
市场外部性	主要是两个方面的外部性，即创新方面和市场方面。创新方面的外部性主要是指产品创新和技术创新逐渐被体系中的其他成员所共同掌握，强化集群知识中所包含的公共产品特性，最终导致创新所获得的利益溢出；市场方面的外部性是指集群成员之间相互共享自身获得的市场行情，节约信息消耗的成本和费用，共同承担所处市场的风险以减少风险带来的利益损害

续表

特性	表现形式
集群网络性	在建立起来的协同产品平台框架约束下，核心企业和成员企业以及相关科研机构、地方政府之间建立起的长期合作关系，这些组成部分所构成的多层次网络，并凭借这一网络来推动产业集群中的供应链灵活、稳定地长期运行下去
产品或服务创新性	集群中的成员在一个统一战略的目标领导下，逐步会有一个明晰的产品定位和分工，相互之间能够协调好各自所进行的创新行为，降低产品创新活动中所包含的不确定性，克服单个成员系统创新的能力局限性，有效的预防最终得到的产品与其余竞争对手的雷同和恶性竞争，深化产品技术交流和许可，将集群整体创新能力最大化

四、协同供应链中的信任机制与激励机制

一个集群如果想在竞争激烈的市场中获得持续性的竞争优势，建立起一个强大的信任机制和激励机制是重要途径。其应该采取的重要措施如下：

1. 信任机制

（1）注重建立协同的集群文化。不管供应链集群中的每个成员企业采取何种合作形式，其行为都是在创建一个组织之外的延伸组织，但其中的每个成员企业都有属于一套自己在长期发展路径中形成的企业文化，这就需要我们对每个成员的企业文化进行整理和融合，在不损害企业利益的基础上，使成员企业自觉树立起文化归属意识。让企业文化在合作关系确立之后，指导成员企业达成一个共同的愿景，并对合作伙伴关系进行评估，将劲头用在同一方向上，共同推进集群的前进和发展。

（2）用情感去维系。具体指的是在同一地区，有着同一血脉的企业或者彼此之间存在着长久的合作关系，用这种感情基础作

为未来长期合作的纽带。除此之外，企业之间的信任还可以通过资本运作、相互参股等交易方式来建立。

（3）信誉保证。众所周知，企业自身的良好信誉是企业无形的财富，也是给初次建立联系的企业一张可信的名片，同时也是供应链联盟成员在集群建立初期建立相互信任时首先审视的重要材料，如浙江以民营企业为主体的绍兴轻纺产业集群、宁波服装产业集群中，企业可以根据了解到的同盟企业的良好信誉，不经议价和谈判就进行交易，这样就省去了很多不必要的成本并节约了各自的时间。相反，对于联盟中出现的不讲信用、诚信信誉低下的企业，可以通过联盟整体的力量对其进行教育和责罚，可以选择将其踢出联盟或对其用联盟的旗号进行交易的行为进行限制。

（4）要做到有法可依，有法必依。当文化与感情维系不能约束某些成员对内对外的欺诈行为时，用最初达成的法律合同条款来防范和遏制个别成员企业的欺诈行为，才是最有力的保障。

2. 激励机制

建立供应链激励机制的主要目的是为了利用合理的利益调节机制，使整个供应链成本降低、利润增加，为顾客增加价值。结合微观经济学和博弈论来看，激励机制实际上是一种对供应链成员企业普遍适用的契约或合同，是用来规范成员企业行动的约束和制约。

（1）为保障集群制造企业生产或销售计划顺利实施，集群可以在增加库存的基础上，给予相应企业适量的价格补贴，让其在不产生损失的情况下，有可观的利益来源，也确保了整个集群库存量的充足。除此之外，还要根据相对应的分销商和客户开发市场的具体消费数据来适当地调整库存，做到不浪费、不结余的良性运作机制。

（2）通过收集到的信息和数据，对未来市场走势和趋势进行预测，并广而告之集群中的成员企业，让其对未来产生一种稳定心理，让其未来的交易背后有一个强大的智力系统做支撑，尽量减少未来的不确定性和风险性。

（3）建立科学合理的绩效评估和激励系统。建立动态模型和静态模型，做好相应的评估工作，来确保惩罚有度且合理。

在本节中，集群文化的协同性是根本，感情维系和信誉保障是重要基础，法律手段是保障。当出现问题时，单独用其中一种方式可能无法保障问题的解决，也无法保障供应链协同效应的有效性，因此必须几方面相互结合、综合运用，建立起一个基于“社会实施”的集群供应链企业信任机制和激励机制，才是联盟发展长治久安的保障和动力。

五、案例分析

长株潭工程机械产业集群，主要是以长沙为中心城市，以中联重科、三一重工、山河智能等龙头企业作为集群核心，从建立初期至今在国内市场上已是最具竞争力的工程机械产业集群之一。下面我们将从结构和运行机制两个方面来深入剖析这一典型集群中的供应链协同生产效应。

1. 体系结构

如图 5–2 所示，长株潭工程机械产业集群的具体结构是以中联集团、山河集团、三一集团为核心企业，中南传动机械厂、长沙机电厂等为外围，聚集了 20 多家规模以上的工程机械生产企业，并且有原材料生产、零部件供应及维修企业等作支撑，从生产流程上的垂直关系，逐步实现市场细分，发展成为有专业化的分工和完善的制造业价值链结构的集群网络模式。

设施环境。另外，集群资本运作中能凸显出“洼地效应”，可以做到快速地集中产业区域内的资本，这些都能促进集群的发展。产业最大限度值由于核心企业的并购重组现象被无限抬高，继特变电工承债式兼并现代集团、湘电股份并购省轻工机械厂、中联重科兼并湖南机床厂后，我国国内工程领域最大的资产重组案中的中联重科与浦沅集团并购重组不仅仅只存在于理论之中。同时，行业内民营企业等非国有经济的快速发展，如雨后春笋般地涌现出了三一重工、山河智能等一批国内知名民营企业，都在很大程度上促进了生产工作中资本的快速注入和整合融通，根本性地刺激了制造业集群以及集群内成员的发展[①]。

六、制造业集群供应链网络生产协同体系

1. 体系的优势

这种供应链协同模式大体上主要体现在三个层面：一是战略层面的协同，也可以说是理论层面的，是以相对概念和模型为基础，并以相关的管理思想建立起来的，在这基础上，对协同效应能得到的最优化结果进行一个定量或定性分析，对未来组建的集群可能遇到的问题进行一个大概的评估，这样做是为了提前拿出一个集群运作的最优方案，并且可以为实现集群内的知识共享打下先期的基础；二是策略层的协同，具有直接供需关系的企业之间，通过组成供应链的上下游部分，来满足双方的需求、采购、设计制造、配送、分销等方面的要求，并实现风险分担和收益分享的目的；三是技术层面的协同，在整个集群联盟中，围绕着相关的技术，建立起许多不同的信息协同网络以及平台，并且伴随着每一次的协同生产，都会有大量的信息数据流在合作企业之间相互流通，这些信息数据流也携带了大量的技术，这些都是提升

① 曾小青，樊培. 产业集群中供应链协同运行机制研究［J］. 经济研究导刊，2010（32）：55–57.

集群整体竞争力和各个企业竞争力的有效保障，既可以在保留自己原有技术的前提下，掌握集群中其余成员企业的技术，做到一举多得，在集群网络生产中实现共赢的局面，同时这也会促使各个企业为了汲取新的技术和知识努力提升自己与其余成员企业的合作，通过单个合作可以达到提升集群整体竞争力的目的。最后，集群建立前达成的协议和商订，可以有效地保证各个成员在一个信任、弹性的环境中开展双边的合作，这有利于企业进行无所顾忌的自由交流和知识创新成果共享，为企业相互信任协同决策提供了保障，这也正如我们在上文中所写到的，信任机制和激励机制可以有效地使集群更大地发挥出集体优势，获得更大的收益，共同分担风险。

供应链协同生产模式与传统的供应链生产相比，其优势具体表现为以下几个方面：

（1）每一个成员在加入集群之后，都不再是一个独立的个体，他们是这个集群的一分子，在作出一项集体决策时，需要考虑的东西不再是自己作为一个个体企业应该考虑的了，应该更加全面地考虑内外部的联系，为了整个集群的利益所考虑，每个集群成员都这样做，会使得所有企业面临的风险大大降低。

（2）因为各个成员企业之间相互信任、相互沟通和共享信息，所以集群整体的吸引力和竞争力就要优于其他传统供应链生产模式，并且可以通过这种良好的环境氛围，吸引更多的个体企业加盟。

（3）各个节点上的企业都是以提高整体供应链的最大效益为目标而努力的，在进行最终决策时，都会先进行集群内部沟通，最终才会得到一个大家都认同的决策。这样做不仅可以避免各自为政和贪图私人利益最大化的私心，还可以克服通过分散地进行单独个体决策来达成最终决策这一效率极低的现象，使整体供应链网络协同保持一个高效的生产模式。

2. 体系的劣势

组织内的成员出身不同，发展路径也不相同，这就造成了他们在成为一个集体时，整个集群会在初期存在极强的混沌性，这种混沌性的产生本质是随机的、不确定的，在供应链中混沌是一种常见的现象，其具体表现为如下两个方面：

（1）信息化的混沌性。目前在我国金融市场中，大多数企业的信息建设跟不上时代的潮流，普遍存在低效、没有秩序、失败率高的状态，可是企业又想通过聚集成集群的模式来克服自身的这种现象，首先在集群形成初期，各个企业的观念和技术协作都存在极大的随机性，并且深受信息建设滞后的影响，无法有效及时地进行组内间的沟通，这就造成了一个个企业只能生活在他自己的信息孤岛上，也就使得集群的混沌性在初期显露无遗；其次是在集群文化形成和普及之前，节点企业还是会根据自己长久以来形成的自身文化与风格行事，这也就造成了因为风格不同所引发的恶性竞争，并且当今我国市场经济的大背景正处于一个转轨阶段，各个企业正在经历习以为常的经营方式发生改变的阶段，新的经营方式还未成熟，并且还不够规范，这些都会造成最后集群整体中存在混沌性。

（2）地方政府从行政垄断所产生的混沌性，我们在前文中提到过，集群所处的环境是由政府和企业共同维持的，可是地区政府不受企业的左右，这一点也就使得政府可以成为企业经济运行的合理干预者，如果政府是理性的，那么混沌性可能相对会轻一点，但是，如果政府是非理性的干预者，那么集群整体就会在市场中将混沌性体现得淋漓尽致，也有可能因为这复杂的混沌性而毁掉整个集群供应链网络。

七、采取的对策

针对上述体系中存在的劣势，集群中的成员应当采取的措施如下：

首先，建立起有效的信息沟通平台，并且在集群内建立起一支信息自管理团队，这组团队也可以被叫作自我导向、自我维持、自我调整、自我领导的团队，它们以维护信息的有效交流为前提，负责保证企业之间能够进行有效的沟通，并且可以在日常企业信息建设工作中，进行有效的指导和点拨，以此来消除集群内存在的信息孤岛效应，这样做有助于促进集群信息化建设的发展，也有助于整个系统中的信息通过系统来实现自组织协同，通过消除信息的混沌性来保障集群中赖以生存的数据有效地在企业之间进行流通，使得整个集群由无序变得有序，由混沌变得条理清晰。

其次，要在集群与地区政府之间建立良好的合作关系，通过与政府的良好协商制定并达成相关扶持政策。集群的发展离不开地区政府的领导，并且有相关政策的支持也可以使整个集群的发展处于一个良性的轨道上，当地政府也可以帮助集群避免出现无效率的市场行为和保护企业免受外部不正当竞争行为的干扰，政府的扶持可以保证集群逐渐形成一个专业化的产业市场，并且相关政策的出台也有助于帮助集群造就涨落有序的氛围，这些都可以保证集群在建立形成时受到非理性政府的干预和打压。

第四节 制造业集群供应链网络市场协同效应

一、时代背景

在上一节中，我们详细论述了制造业集群供应链网络生产协同所产生的效应。在本节中，我们将主要论述制造业集群供应链网络市场协同效应。制造业集群涉及到整条供应链上的各节点企业，也是企业要想发展壮大必须选择的发展轨迹。可以通过形成集群的模式在市场中占据一定的份额，并且可以达到资源优化和信息共享的目的，最终实现用集群模式占领市场，根据市场需求建立集群协同网络。例如，近几十年来，上海汽车制造业取得了快速发展，已经有一条非常成熟的供应链，外加一个规模相当的集群，但在供应链网络市场协同方面仍存在着许多不足。当今国内外学者分别在制造业集群和供应链网络市场协同效应这两个方面取得了丰硕的研究成果，但是，几乎没有学者将这独立的二者结合起来研究，并且搜索网络时发现，可以借鉴的文献和资料并不多见。这也就是我们要在本节里着重研究这个问题的原因所在，下面我们将调查有关上海汽车制造业的资料，并研究分析关于上海汽车制造业的相关历史发展路径，我们希望从中得到对制造业集群供应链网络市场协同效应有用的理论，不仅为我们的研究提供可资借鉴的资料，更希望能够为研究这方面的学者提供新的思路，也为建立起这种模式的企业发展提供新思路，也力求得出一个对集群内企业发展有用的结论和建议。

二、制造业集群理论和供应链网络市场协同的契合

制造业供应链水平的高低能够直接影响集群的发展。在制造业集群企业被召集起来时，集群文化还得不到很好的普及与取代各个企业之前的自身文化，企业还是注重于完善自身的物流体系，根本没有办法达到市场协同对于集群的要求和级别，更别说通过集群供应链网络市场协同效应来占据一定的市场份额了，但发展到一定阶段后，随着集群文化的普及和深入以及科技的快速发展，集群内的企业制定协同策略时会考虑真实的市场需求和根据集群文化的指导建立起详细的分工，这时企业会逐渐意识到单

个建设的供应链已经无法承担强大的风险冲击力了，并且企业在某些突发状况之前会变得手足无措，这也会导致供应链整体运营成本增加。这种种的原因都会让成员企业从自身开始进行反思并对集群企业各条供应链进行协同整合，建立内部共生机制的供应链网络市场管理体系，以增强制造业集群整体在市场中的竞争力和扩张力。

供应链中的主体主要包括核心企业、销售商、终端需求以及一级和二级供应商。如图 5–3 所示，在制造业集群中，供应链三大主体占据了供应链的纵轴，其横轴由物流、金融等服务机构与规则管理机构等构成，这一横一纵构成了集群的五大主体。其中，供应链三大主体不光是供应链的纵轴组成部分，也是整个集群的骨架；服务机构和规则机构在这个体系中和骨头里面的筋一样，对成员企业起到服务和约束的作用。供应链之间的紧密配合将强化制造业的集群效应，而供应链网络市场协同效应将加强整个制造业在市场中的竞争力。

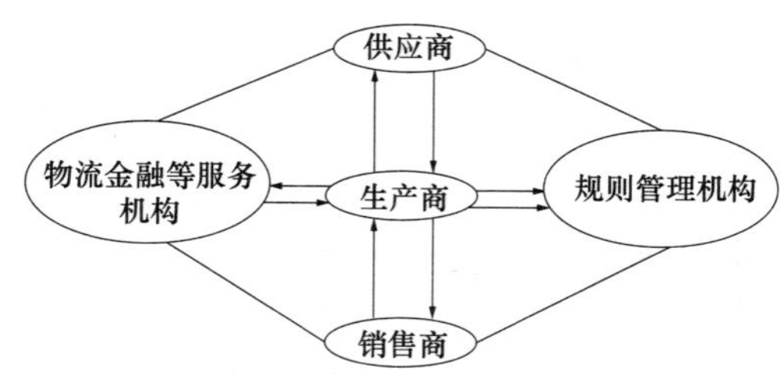

图 5–3　制造业集群中的五大主体

在组成一个基于供应链网络市场协同机制的集群时，其中的每个企业不再是之前一个简单的个体了，而是根据相关联系，可能是相似的市场需求或者相同的产品和服务或者相同的原材料供应商等一系列的配套服务组合起来的，在这里不仅是简单的企业堆砌，而是要在建立紧密的协作关系之外，还要对制造业链条上的资源进行整合，这样做的目的是为了降低成本和提高经济规模，并为集群内成员提供稳定的市场需求和保证其获得可观的销售业绩，也可以获得相应快速的供应和销售渠道。由于集群中存在原材料供应商、金融服务机构等相关配套服务机构，这些都可以帮助企业建立有效的市场触及面，可以使得企业在市场中向上可以接触到供应商，向下可以通过集群中存在的分销商触及到客户，在满足自身需求的同时，也能拿出符合市场实际需求的产品与服务，产生积极的网络市场协同效应。

当然，制造业集群在形成时，不仅只是在表面上我们看来的那些简单的联系，可能还会存在一定意义上的资源、产业、制造业之间的联系，在形成一定的制造规模化之后，更深层次的联系就会进一步在包括研发、营销、物流以及配套的售后服务等提高市场价值的环节上体现出来。由于这些深层次的联系，制造业集群和供应链二者在刚一开始建立时，就自然而然地形成了一个共同体。具体表现可以总结为如下几条：

（1）制造业集群中各个企业之间的实际需求与合作联系为供应链的良性发展提供优质环境。

（2）由于集群中企业之间的信息和物流传递，使得供应链与集群逐渐成为一个相互依存、共同发展的统一体。

（3）供应链越发达，集群中企业所消耗和等待的时间周期越短，也就使集群内企业能够更快地实现自己的战略意图，并通过一个个单独战略意图的实现，来达到集群整体战略意图的目的。

组织内企业生产同质化、无差异的产品这一现象的产生就是由于没有供应链特征的存在，最终的结果只会是相互之间由于这些产品的存在而导致的恶性竞争，如果没有集群网络供应链的存在，组织系统会因只有合作而无竞争而逐渐沦为低效率的无用组织。

三、案例分析与研究

1. 上海汽车制造业发展现状简介

上海汽车制造业作为我国典型的制造业集群，在我国 2016 年一系列消费政策叠加效应起到作用的大背景下，取得了举世瞩目的骄人成绩。我国汽车生产销售数量在 2016 年突破 1800 万辆，这其中全国汽车五大生产集团占据了我国汽车市场销售份额的 70%，更加引人注目的是，上汽集团在这五大生产集团排名榜首。

从网上查到的上汽集团 2016 年年报显示，上汽集团在 2016 年整年销售额达到了 358.3 万辆，同比增长 31.5%，销售额度成为国内首家突破 300 万辆大关的集体企业，在这 300 万辆整车的销售额中，上海通用汽车卖出了 103.9 万辆，大众品牌卖出了 100 万辆。这两个品牌分别占据了国内市场销售的冠亚军，除此之外，上汽通用五菱作为后起新星，也实现了销量突破 16 万辆的销售目标，较之往年同期增长 78%，在上汽集团中，除了上述这些知名的品牌之外，还有一些我们耳熟能详的企业品牌，如荣威汽车、MG（名爵）汽车等。这些品牌的知名度都在 2016 年整体集群声望得到提升的背景下实现了个体品牌知名度质的飞跃。

结合大环境整体的发展趋势可以看出，工业总值正在逐年上升，但是从业人员的数目增长却趋于稳定，行业内企业总数在这几年不升反降，可是人均汽车工业总产值却在增加，这就说明上海汽车产业内的竞争正在不断加剧，在笔者看来，这对于上汽集团的发展并不是一件坏事，竞争是企业以及制造业发展的强大动力之一，在竞争中，企业可以找出自身的不足，强化巩固自身已有的优势，将自身的优势品牌和核心技术做大做强，通过这些步骤来实现整个上海汽车行业的发展和崛起。

2. 上海汽车制造业供应链发展现状简介

目前，除博世、伟世通等一大批外国零配件制造商和国内零配件制造商聚集在上海滩这片沃土之上，永达集团、绿地集团等一众一级经销商同时也在上海蓬勃发展，这些机构构建起了十分强劲的供应链体系，我们将在下面的内容中对供应链各个节点进行概述分析。

（1）经销商。在我国，4S 店是目前主要被采取的市场销售模式，这也就造就了整车厂和经销商形成了密切的合作关系。该地区经销商的发展与壮大与这个经销商所处地区当年的销售情况息息相关。根据上海汽车行业协会 2016 年的统计数据显示，上海地区全年产销分别为 169.89 万辆和 168.94 万辆，同比上涨 35.88% 和 36.26%，其中乘用车销售 168.26 万辆，同比增幅 36.5%，占整车销售总量的 99.6%；这个数据明显要高于我国其他地区可以获取到的销售数据，所以这也是上海市场中聚集了大量经销商的原因。

（2）整车厂。这一部分是整个制造业集群的大脑。由于我们在上文中提到的上海市场巨大的吸引力，上海这片土地上也聚集起了相当规模的整车企业，包括上汽集团下属的上海汽车、通用汽车、大众汽车等企业，也包括一些聚集在上海地区的汽车二线品牌。现如今上海整车行业的格局就是“1+X”模式，其中“1”顾名思义就是上汽集团，其余的企业就是那个“X”。所以根据这个结构框架，我们主要选取上汽集团进行案例研究和分析，上汽集团的生产能力几乎控制了上海汽车制造业 90% 以上的市场份额。拥有自主品牌汽车荣威和名爵 100% 的控股权，在商用车方面，涉及客车、挖掘机、推土机等重型机车，在零部件方面，上汽集团几乎也消化掉了绝大部分，不仅仅可以实现对内的自我供给，同时也为实现对外为其他整车厂提供了它们所需要的零部件，以便在行业内实现技术共享和利益优化。在第三方服务方面，上汽集团也可以提供有关贸易、金融、销售、IT、文化产业等各个方面的服务。可以说，在上汽集团内部，已经初步建立了良好的供应链模式，这也是上汽集团牢牢占据上海汽车制造业领头羊位置的根本原因。上海大众拥有6款不同的车型，这其中就包括每个驾校首选的练习车型“桑塔纳”、2010年上海世博会遍布上海大街小巷的大众出租车“途安”以及在政府部门机关中随处可见的官方商务用车帕萨特和定位为家用汽车的Polo等热门车型。上海通用在别克和雪佛兰的建设上，也分别推出了像君威、君越、GLK等5个不同的车型来达到满足不同年龄段、不同性别、不同背景消费者的目的。同时，又进一步在这5款车型的基础上开发出了不同版本的产品来迎合市场中消费者瞬息万变的需求，这些车型和不同版本都帮助上汽集团快速抢占了可观的市场份额。凯迪拉克在这几年中进入中国市场并持续大热，也敲开了中国高端市场的大门。相比之下，上汽自主品牌却由于处于刚刚起步阶段，品牌建设较之凯迪拉克这种品牌来说还显得稍有不足。

（3）消费者是整条供应链的最终端，可以左右着整个供应链的命脉，足够的需求刺激可以在供应链内部激发出强大的竞争力，可以说一个集群如果无法满足市场中消费者的真实需求，那么这个集群就会面临着消逝和灭亡。一个品牌的认知度和产品中所包含的鲜明差异化，都是现今市场中消费者作出最后选择时所着重考虑的，个性化定制这一潮流正在市场中逐渐走俏。消费者首先通过公共媒体来获取感兴趣的品牌信息，其次是友人推荐，最后才是4S店的推销行为。这些都为集群的发展提供了极大的信息，上汽集团在发展过程中，正是抓住了这样的机遇逐步壮大起来的，如上文提到的世博出租车、驾校练习车桑塔纳、随处可见的Polo以及大气的商务用车GLK，这些对于上汽集团都起到了有效的推广作用。

（4）汽车配套供应商，也可以称作是汽车零部件制造商，主要经营供应整车厂所需部件的设计、生产与研发等工作。目前在上海市场中共有中外企业200多家大大小小的汽车配套供应商。这其中主要的零部件供应商仍然是以外资企业为主，这些企业中，专门为上汽集团供应零部件的企业直接将中国总部、亚太总部设立在上海。上海乃至全中国，无论是在资金、技术、与外资整车厂的合作关系上，汽车零部件都是外资企业占有极大的优势，上海要完善自身的汽车配件体系，不应该仅仅依靠几个合资公司和合资工厂，也不应该依靠外资企业在上海建立的几个总部和技术研发中心，而是应该继续加强自身在市场中的竞争优势，强化自有品牌和自有技术。最后，汽车制造业中附加值的70%都是通过零部件创造的。如果说消费者是集群大脑的话，那么零部件就是一部汽车的器官，没有零部件的组成，汽车就不能正常地运营，集群也无法开展工作，那么集群也就名不副实了。

3. 上海汽车制造业集群发展现状

在本章中，我们将主要分析制造业集群中的另外两个组成核心：提供金融以及物流等服务的机构和第三方机构的发展现状。

（1）金融服务机构。搜索上汽集团的发展历史可以发现，在1994年，上汽财务公司正式创建，在当时它是为数不多的从事能够提供非银行金融服务的汽车金融服务机构之一。金融服务公司的主营业务在当时那个年代看来，还远远超出当时人们的认知范围，主要包含个人汽车消费信贷和经销商批发融资等业务。发展至今，上汽金融公司的主营业务范围已经覆盖了全国近130个城市约500家经销商，资产规模得到跳跃式的提升。通用金融、福特金融、东风日产、菲亚特金融的总部均设立于上海。在我国，汽车金融业对于我们来说，仍然还像1994年那样，停留在一个刚刚起步的阶段，通过一个数字可以反映这个问题，在2008年底商业银行与汽车金融公司的消费贷款余额比为3.3：1，说明了在这一方面，商业银行仍然处于主导地位。

（2）汽车物流。这一词语相较于汽车金融来说，目前已发展至比较成熟的阶段了，上汽集团在2009年重新整合并建立了新的市场格局，这个格局以整车物流为主，口岸以及零部件物流协同发展；树立销售服务业板块，明确了主营四类业务发展的市场定位。可以说，上汽集团已经建立对内可从供应商到生产商，对外可到市场销售的一体化汽车物流，上汽集团的发展也离不开它逐步建立起来的这条完善的物流供应链。

（3）第三方机构。上海市政府根据相关的实际情况建立起了上海汽车工业质量检验研究所、上海机动车检测中心等官方检测机构。成立的研究机构主要由汽车公司和学校研发机构组成。另外还有在1996年成立的上海汽车行业协会，其成员均在各个指标中占据行业总量的95%以上。

四、上海汽车制造业集群中加强供应链网络市场协同的必要性

如何实现“1+1>2”，使得集群供应链网络市场协同带来更大的增值效应，我们在这里选择建立一个模型来解释这个问题。

首先，我们假设各个企业节点之间不会发生协同作用，企业之间享有自己独立的资源，且各自都以自身利益最大化为目标，不进行协同决策，互相之间挑起竞争并互相产生不好的影响，后做决策的企业能够知道先进行决策的企业所做出的决策，并根据决策以及自身的实际情况对最后自己得出的决策进行调整，而先做决策的企业将会理性地调整自己选择对其他企业的影响，这样这个模型就成了一个博弈模型。

假设企业 P 和企业 Q 是上海汽车产业中的两个不同的企业，它们对同一种产品提供同类产品，在市场上的逆需求函数为：

$R=R(S)=a-(s_1+s_2)$，$a>0$ 且为常数。

企业 P 和企业 Q 有着相同的边际成本 $C>0$。两个企业各自选择的资源贡献量为 s_1、s_2，追求各自的最大利润。它们的利润函数为：

$$u_1(s_1, s_2)=s_1[R(s)-c]=s_1(a-s_1-s_2-c)$$

对这个纳什均衡进行求解，假设企业 P 在 t 时刻先选择资源贡献量 $s_1(t)$，企业 Q 观测到这一个决策 $s_1(t)$ 后在 t+1 时刻的决策为 $s_2(t+1)$，于是企业 Q 的问题是：

$$\text{Max } u_2(s_1, s_2)=s_2(t+1)[a-s_2(t+1)-s_1(t)-c]$$

$$\text{s.t. } 0 \leqslant s_2(t+1) \leqslant a-c-s_1(t)$$

最优化的一阶条件为：

$$\partial u_2/\partial s_2=[a-s_2(t+1)-s_1(t)-c]-s_2(t+1)=0$$

求解企业 Q 的最优资源贡献量为：

$$s_2\times(t+1)=[a-s_1(t)-c]/2$$

因为企业 P 在 t 时刻预测到 Q 的最优化条件为 $s_2\times(t+1)$，所以企业 P 在决策 $s_1(t)$ 时的最优化为：

$$\text{Max } u_2(s_1, s_2)=s_1(t)[a-s_2(t+1)-s_1(t)-c]$$

$$\text{s.t. } 0 \leqslant s_1(t) \leqslant [a-s_1(t)-c]/2$$

求解最优化条件，得到企业 P 的最优资源贡献量 $s_1\times(t)$

$$s_1\times(t)=(a-c)/2$$

$$s_2\times(t+1)=(a-c)/4$$

$[s_1\times(t), s_2\times(t+1)]$ 是企业 P 和企业 Q 的动态博弈的纳什均衡，将其代入利润函数，则有：

$$u_1(s_1, s_2)=(a-c)^2/8$$

$$u_2(s_1, s_2)=(a-c)^2/16$$

则两个企业的总收益为：

$$u(s_1+s_2)=u_1+u_2=3(a-c)^2/16$$

其次，当两个企业之间通过供应链网络市场协同来进行生产时，两个企业都以供应链的总体利益最大化为共同目标。此时则设资源的需求总量为S，逆需求函数为：

$R=R(S)=a-s$，$a>0$ 且为常数。

则总收益为：

$$V(S)=S\times R(S)-(c_1s_1+c_2s_2)=S\times(a-S)-c\times S$$

最优化一阶条件，令 $c_1=c_2=c$，则：

$$\partial V/\partial S=(a-s)-s-c=0$$

求解得总资源贡献量和总收益为：

$$S^*=(a-c)/2$$

$$V^*=(a-c)^2/4$$

我们将两个结果进行比较，不难发现以总体利益为目标的总收益明显大于个人利益为目标的总收益，创造的价值增值率为33%。

当供应链网络市场协同时，两个企业提供的总资源贡献量为 $S^*=(a-c)/2$ 小于企业Q和企业P各自单独提供资源贡献量的和，同理，成本的降低率为33%。

由此可以看出，供应链网络市场协同对于整个供应链来说，可以使其释放出巨大的成本和利润优势。通过供应链网络市场协同所实现的利润增量超过了33%，是很难通过原材料的降价实现的。毋庸置疑的是，供应链网络市场协同对于各个节点的企业来说都是有利的，一方面，可以通过合作来创造更多的价值，获得较高的利润，为企业进一步的产品研发、技术升级和发展积蓄能量。另一方面，在供大于求的市场状况下，通过供应链网络市场协同也可以降低企业的库存，避免资源浪费。

第五节　制造业集群供应链网络竞争协同效应

产业集群的发展与集群企业的供应链管理水平息息相关。在关联企业集聚阶段，企业仅仅专注于本身的物流管理，还谈不上供应链管理的概念。到了产业集群的增长期和成熟稳定期，集群创新网络成为维系产业集群稳定发展的关键因素，集群的专业化程度比较高，国内外技术的快速发展和市场需求的变化、国际分工的转移等都会对集群造成冲击。单个企业的供应链抗风险冲击能力很弱，必须与集群内的其他企业进行合作，建立基于内部共生机制的供应链协同管理体系，以增强产业集群的竞争力和扩张力，这是我国产业集群快速持续发展的关键，也是供应链管理研究的前沿和焦点。长期以来，我国学者大多从物流管理的角度研究产业集群，如对产业集群物流园区和物流中心的构建，产业集群与区域物流的相互关系等方面给予了较多的关注，也有不少学者研究单条供应链协同，而从集群供应链管理协同的角度来研究产业集群发展的较少。基于产业集群发展的特点和要求，从产业经济学和供应链管理思想相交叉、相契合的新角度，对集群企业供应链网络竞争协同效应进行探讨。

一、产业集群中供应链网络竞争的特点

产业集群是指在某个特定产业中相互关联、在地理位置上相对集中的若干企业和机构的集合。

（1）共生性。产业集群内众多企业在产业上有关联性，能共享诸多产业要素，包括专业人才、市场技术和信息等。产业的发

展需要建立地区的分工协作网络，形成一个有利于提升产业竞争力的创新的产业集群。这种产业集群表现为高度相关产品的成群出现，这些产品源于其他实体的发展，并且能够促进其他实体的发展。

（2）互动性。产业集群倡导柔性集聚，产业集群内的企业既有竞争又有合作，既有分工又有协作，彼此间形成一种互动性的关联。企业通过正式或非正式的接触，知识和信息快速地流通。一方面，高度聚集的资源和生产要素处于随时可以利用的状态，为集群内的企业提供了极大的便利，降低了企业的交易成本；另一方面，大量企业的存在也使集群内的经济要素和资源的配置效率得到提高，达到效益的最大化。

（3）网络化。产业集群是社会关系型组织，众多按专业化分工的同类或相关企业及其在价值链上相关的支撑企业、机构，通过各种形式的垂直和水平的外部链接来达到交易成本最小化。产业集群内部各个成员企业能接受集群内部的合理性引导，成员之间的信息相对市场机制更为对称，成员之间的交易成本下降，从而在相当程度上缓解了委托代理关系中存在的非合理性带来的局限，也克服了单一企业内部组织结构的刚性，使生产柔性得以提高，促使整个产业集群获得规模优势，增强抵抗风险的能力。

（4）跨越性强。不少产业集群不仅跨乡、镇、县，而且跨市、省，如浙江环杭州湾纺织业产业集群就跨浙江的杭州、宁波、绍兴、湖州、嘉兴和江苏的苏州、吴江两省六市，23700 多家纺织企业形成了在全国乃至世界都有巨大影响的纺织业基地。随着跨区域、跨行业融合的不断深化，供应链管理的复杂性和难度也逐步增大。

二、产业集群对供应链网络竞争协同的要求

上述产业集群的重要特征，决定了它对整个集群企业的供应

链管理有高度的协同性要求，主要表现在：

（1）敏捷化协同。以增强企业对个性化客户需求的适应能力为导向，以动态联盟的快速重构为基本着眼点，以网络技术为依托，实现供应链企业间的合作、优势互补。注重柔性、速度和质量，始终追求对客户需求的快速反应，缩短交货周期，实现利益共享的多赢目标。

（2）供应链协同的多维网络化。协同网络是指为满足特定的消费者需求，由利用网络技术建立合作关系的若干企业所组成的网络结构。在这种网络内部，协同不仅局限于上下游企业间的协作，所有参与的节点企业在信息共享的基础上各自发挥自身的优势，协同开发和生产，把产品迅速推向市场。网络化协同是供应链实现整体协同、提升供应链整体竞争力的必然要求。

（3）供应链管理的智能化。以信息共享为基础，使用信息系统跟踪供应链上的数据流，建立强大的供应链合作，并将数据和关系转变为"智能"，创建反应计划。对供应链全部成员的计划进行协商，并使之同步，以最佳方式为客户开发最佳产品。供应链管理要达到上述要求，产业集群才能发展，单靠某一个企业供应链管理优化很难奏效。如果没有众多集群企业供应链管理系统的高度协同，很难实现低成本与高效率的统一，集群的竞争优势将大受影响。

三、集群供应链网络竞争协同的优势

供应链竞争协同与传统的供应链竞争相比，其优势表现为：①不再孤立地看待各个企业及部门，而是考虑所有相关的内外联系，实现"你中有我，我中有你"，并把整个产业集群内的供应链管理看成是一个有机的整体。②各节点企业在信息共享的基础上，以提高整体供应链的最大效益为目标，进行相互沟通后协同决策。协同化决策不仅摆脱了各节点企业单纯以自身利益最大化为目标，分散地进行决策所造成的供应链整体绩效低下，也克服了传统集成式供应链管理中，由单一的决策制定者来制定决策的理想化管理所带来的诸多障碍。③各节点企业的构成框架及其运行规则主要是基于最终客户的需求和整个价值链的增值。④各合作伙伴建立新型的相互信任、同步和团结，能提高整个供应链的柔性和实现整个供应链价值的最优。供应链协同管理的这些优势适合产业集群发展的要求，能够促进产业集群的快速发展。例如，1995年由国际著名的商业零售连锁店Wal-Mart等5家企业联合成立了零售供应链工作组，针对解决零售业供应链问题，首次提出了面向供应链协同管理的有效策略——协同、计划、预测与补给（CPFR）。1999年，IBM公司建立了自己的协同供应链，研究开发了IBM供应链解决方案。这些企业的研究和实践，不但产生了直接的经济效益，同时也推动了供应链协同管理研究的进展。

综上所述，由产业关联、空间聚集而逐步形成、发展的产业集群到了增长期和成熟期，明显的特点是共生性、互动性、网络化，对供应链管理要求敏捷化、多维网络化、智能化。集群企业中某个单条供应链显然无力完成如此艰巨复杂的任务，实施供应链管理协同的优势，如统筹协调、优势互补、资源共享等，不仅使集群企业经营成本大大降低，更重要的是能为集群的客户创造最大的价值，这无疑是产业集群快速发展的必由之路。现在我国的供应链管理存在的诸多问题，一定程度上制约着产业集群的发展，所以实施供应链管理协同不仅是我国产业集群发展的重中之重，更是当务之急。在集群式供应链协同管理的有机体系中，建立供应链协同管理联盟机构是组织基础，塑造协同式供应链成员间的信任机制是文化灵魂，建立供应链协同的激励机制是供应链联盟成员积极主动的动力，加强产业集群企业信息化建设是技术保障。各方面互相配合，综合发展，才能提高产业集群供应链协同管理的整体运营效率，促进产业集群快速、持续地发展。

第六节　制造业集群供应链网络创新协同效应

一、企业集群供应链协同的评价原则

在实际操作中，为了建立有效评价集群供应链绩效的指标体系，衡量集群供应链效应应遵循如下原则：

（1）关键性原则。对关键绩效指标进行重点分析，企业集群供应链协同涉及许多因素，包括人的因素、社会因素、信息技术因素、网络技术因素、管理方面的因素等，其中有些因素直接影响着整个集群供应链效益的好坏。如果对于影响集群供应链协同的关键因素进行评价，就能及时地发现集群供应链运行中的问题并及时解决，给集群供应链带来较大的成效。

（2）系统性原则。在衡量集群式供应链绩效时，要强调区域产业、供应链和各个企业战略相协同一致；评价指标体系不仅仅是财务指标与非财务指标的专门集合，并且各个指标之间能反映彼此的因果关系；通过指标体系内在因果关系链描述整个集群式供应链的战略。

（3）定性与定量相结合的原则。企业集群供应链协同评价的指标不仅有定量的指标，而且还有定性的指标。因此，在评价绩效时应综合考虑定量指标和定性指标。

（4）发展性原则。建立集群供应链绩效评价指标还必须具有发展性，即根据具体协调的特征和环境的变化作出适当的调整，以便灵活运用。

二、企业集群式供应链协同的驱动因素

从总体上来讲，集群式供应链系统运行的最终动力来自于外部客户市场需求的拉动和内部企业对利润追求的推动。

1. 外部驱动因素

决定整个集群式供应链系统高效运转的外部驱动因素主要有四个，即研发技术、专业市场、物流以及信息。四个驱动因素所起的作用不同，其中专业市场和研发技术起的是推动作用，物流和信息起辅助性作用。要想真正在产业集群内部构建一个高效率的集群式供应链系统，则需要使集群式供应链系统所包括的四个组成部分，即供应链各环节上的企业集合、专业市场、中小型配套型企业集合以及辅助型的企业和机构集合，在产业集群区域内实现有效整合。具体而言，就是需要促进产业集群内的企业沿价值链方向不断强化分工，“加长”和“放宽”产业价值链的各个环节，对产业价值链各环节进行优化和整合，使整个产业集群内的供应链与供应链之间，企业与企业之间形成极为有效的竞争与合作关系，进而形成一个真正的集群式供应链系统。

2. 内部驱动因素

决定集群式供应链系统的内部驱动因素主要有两个，即合作伙伴和价值网战略。

（1）合作伙伴。传统的供应链内部关系被视为敌对的关系，用户可以选择许多供应商，供应商也可以有很多用户，他们的关系被视为临时的，只注重短期的个体利益而忽视了战略层次上的整体利益。客户驱动的供应链能反映供应链管理的方向，竞争的要求不仅仅是将产品销售给客户，更多的是客户价值的实现；运作不仅仅局限于供应链内部，而且还存在着供应链外部的价值延伸。供应商不再只是机械地适应买方的要求，而是具有互动的供应链战略合作伙伴关系。建立长期稳定的合作关系能够在降低成

本、准时交货、库存管理绩效上做出巨大贡献。企业应该维护这种合作关系，更好地为最终客户服务，从而使整个价值网获利最大。供应商关系管理是一种促使企业与其供应商从传统交易关系或普通合作关系转化为战略伙伴关系的管理过程，它能够使企业有效利用现有合作关系资源，创造战略性优势并获得较好的财务绩效。因此，通过供应商关系管理有效降低产品成本成为企业价值产生的重要途径。

（2）价值网战略。传统的基于价值链的供应链管理模式，其生产效率的提高是以需求预测为基础的，是通过企业一系列价值链增值活动来实现利润的增长，而价值网理论告诉我们如何通过新的网络化的运作方式去挖掘隐藏在供应链中的“利润”。供应链管理发展到现在，其关键的驱动机制是重视客户满意度的企业理念，而不再是基于成本降低的推式生产模式。以客户满意度为导向的企业愿景成为统领企业各项活动的精神实质和评判原则。重视客户满意度的企业理念，就要求企业能有效地控制和整合价值网上游供应商和下游客户的物质、信息和资金的通道，建立协同的供应链，为客户创造价值。价值网理论认为企业的发展不只是增加价值，更重要的是重新创造价值。在价值网模式中，不同的经济活动单元如供应商、企业合作者、客户一起工作，来共同创造价值。价值网创造价值的过程是由各成员企业联合实现的，它强调价值网成员资源的优化整合，发挥成员之间的协同效应，进而更加有效地实现客户价值。价值网模式在一定程度上克服了传统供应价值链存在的缺陷，是对供应链形态的重新塑造。

三、基于价值网的产业集群式供应链协同管理模型

价值网是以顾客为核心的需求拉动网络。在网络经济时代，企业发展的进程主要受以下四个核心因素的影响：顾客、供应商、竞争者和补充者。他们之间结成网状关系，这种网状关系被

称为价值网模型。纵观国内外对价值网理论的研究可以发现，价值网理论虽是一种崭新的理论，但是由于它能很好地解释和说明网络经济下的新经济现象，所以自从产生之日起，就成了理论界研究的热点并得到了迅速的传播和发展。

价值网模型在满足顾客日益增加要求的同时，能够采用有效率、低成本的制造工艺；能够利用数字信息快速配送产品，避开代价高昂的分销层；与供应商保持合作，交付个性化产品；将运营设计提升到战略水平；适应不断发生的变化。所以，实施价值网的目标是增加顾客价值和为企业带来超额利润，从而最终增加企业价值。以价值网为主导的集群式供应链管理模型的结构主要包括两个部分：一是内网的结构。每个价值网都有一个核心企业，这个核心企业是集群式供应链的各个单链中具有主导作用的企业，或是在产业集群中处于整个基础产业的支柱企业。核心层的企业不仅是价值网络形成的主要动力，而且可以整合其他成员创造的价值，并最终影响价值创造的方式和价值传递的机制。二是外网的结构。主要指游离于单个供应链之外，但是处于整个集群式供应链系统之中的大量配套和辅助型的企业，包括顾客、供应商、竞争者和补充者，此外，还包括政府、媒介、文化、公众等。价值网成员建立的相互关系不是零和博弈下的背弃式竞争，而是基于双赢思想的紧密合作，成员公司之间建立合作关系能够实现核心能力优势互补，共担风险和成本，共享市场和顾客忠诚。

四、供应链协同管理与产业集群升级的关系

1. 产业集群内存在横向和纵向的供应链

产业集群由众多按专业化分工的同类或相关产业的企业和价值链上相关的支撑企业、机构构成，而这些也是供应链的结构实体。产业集群内围绕着主导产业存在着多条供应链，产业集群的

实质就是一个由多条供应链组成的网络。集群中存在一批相互关联的企业，企业间有着上下游“供给—需求”关系，各企业拥有自身供应链，并位于其中某个单链的链节中。各个单链式供应链内部上下游企业相互合作，不同单链的企业间相互竞争。与其说产业集群内的竞争主体是企业，不如说是由核心企业主导的供应链。除了围绕最终产品生产而联系在一起的企业外，产品供应链上企业与其他提供专业化配套服务的生产性服务企业有效连接，产品链、服务链、技术链、信息链纵横交错，形成供应链网络。

2. 供应链协同管理具有促进产业集群升级的优势

产业集群内的知识外溢、分工协作以及创新网络等竞争优势在很大程度上是以潜在的形式存在的，需要通过一定的组织方式将其激发、现实化，使其价值真正得以实现，要达到此目的，需要一个优化的网络关系和高效的组织结构。供应链以其组织化程度更高的模式特点正好符合要求。首先，供应链协同管理能够有效降低集群内的成本。供应商与采购方基于供应链利益的战略合作，通过经济批量采购、JIT 采购、长期合同、合作研发等方式有效降低采购成本；地理位置的接近性使得集群内供应链成员企业间的运输变得较为方便，运输成本得到有效降低；现代化的供应链协同管理能够实现零库存制和准时制，生产企业通过供应商管理库存（VMI）和共同计划预测与库存（CPFR）系统，有效降低库存成本；供应链上的企业彼此分工协作，长期合作建立起来的信任和对供应链总体价值的认同，使得成员企业降低了如选择评价供应商、质检、谈判等交易成本。其次，供应链协同管理能够提高集群运作效率，加强快速响应（QR）能力。供应链协同管理以顾客需求为主进行拉动式管理。一旦顾客需求出现变化或者产生新的顾客需求，供应链各节点企业通过高度集成化的信息平台和快速的信息交换，增强对顾客需求变化的响应，快速地为顾客提供差异化的产品，大大缩短了顾客需求与生产供应之间的时间。最后，供应链协同管理有利于提升集群企业的顾客服务水平。集群内有大量的供求交易主体，彼此的竞争不仅是产品价格，更多还体现在围绕“一次或多次需求满足”过程中的服务水平，如产品的准时交货率、订货提前期的长短、产品的合格率、增值服务水平等。供应链协同管理通过提高产品质量、优化服务水平、加强顾客沟通和提供满意价格等途径，培育和提升顾客满意度和顾客忠诚度，从而最终实现企业与顾客价值的“双赢”。

五、集群式供应链的协同管理

集群式供应链不同于单个传统的企业，其管理和协同的目标是通过企业内部以及外部相关资源的整合和重组，使得集群供应链系统的各个企业通过这种开放式系统，以最低的费用成本获得各个企业的利润最大化，也就是系统达到最优。集群式供应链的协同管理包含了两个方面的含义：一是内层单元集合各个企业单元之间的协同管理；二是集群式供应链系统外层单元集合与内层单元集合的协同管理。

1. 集群式供应链内层单元的协同管理

集群式供应链内层单元集合的各个企业间的协同管理，集群式供应链的结构是由多个单链式供应链为基础组成的精巧网络链，其复杂性决定了集群式供应链中的上下游不同环节的企业协同方式，即单链式供应链的协同和单链式供应链的跨链间的协同。

（1）单链式供应链的协同。单链式供应链的协同管理是指上游企业、核心企业、下游企业的协同管理，这是集群式供应链协同管理中最基本的层次，是一种纵向的协同，包括采购协同、设计协同、生产协同、销售协同等以及这些模式之间各种可能的组合，如图 5-4 所示。

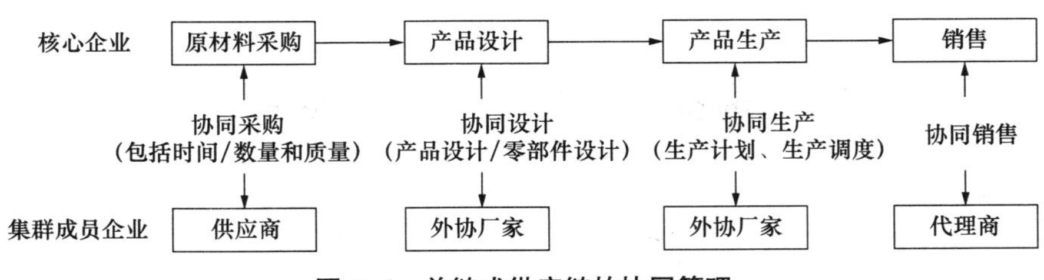

图 5-4　单链式供应链的协同管理

企业集群的运营不是孤立存在的，在运作方式上，核心企业中的主导企业通过“push”和“pull”方式，以紧密联盟的形式将配套中小企业互联在一起，组成紧密或半紧密的合作伙伴，组成完整的供应链系统。在纵向链条上从原材料采购、产品设计生产到市场销售，每个流程上企业相互发挥各自的优势，从而实现企业利润的最大化。在信息共享上，建立供应链内部的信息平台，信息在供应网络中充分传递，各成员企业积极沟通，从而使集群内的企业能够便捷地从上游供应商获得各种原材料、配件、辅料等，从而保存较低的原材料和零部件库存。

（2）单链式供应链的跨链间的协同。集群供应链中横向企业之间一般具有同质性，相互间的关系以竞争为主，同时，也正是这种同质性，也产生供应链跨链间的库存合作的可能性，即跨链间的产品或部件紧急库存互补，来防止缺货。这种合作关系是“双向的”和“互惠的”，供应链为供应链提供补充，也就为自己今后从另一供应链得到紧急库存合作打下基础，即跨链间双边应急库存互补策略。在集群供应链中，主要存在以下三种库存互补策略，如图 5-5 所示。

1）零售商之间的双边应急库存策略：零售商之间经常使用跨链多年的长期合同。订单大小的协商过程是试图平衡供应和需求以避免产生大量的缺货。基于增加 / 减少已订购的数量，重新分配那些已经持有的或者期望到达的存货。这是一个信息密集的过程可能包含了大量的反复沟通。

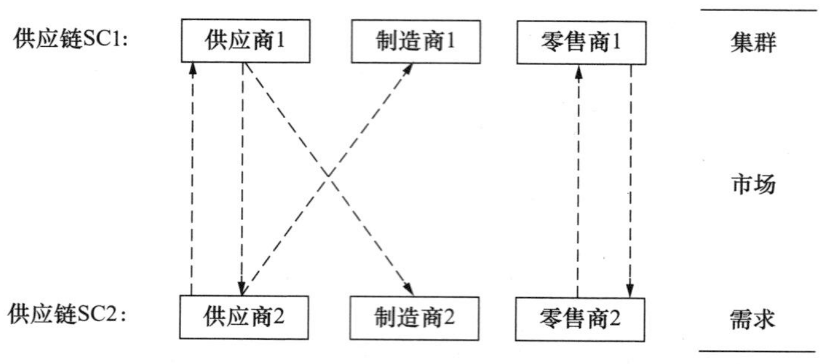

图 5–5 集群式供应链跨链库存合作结构

2）供应商之间的双边应急库存策略：即当供应商 1 出现库存短缺时，这时需要向同级的 SC2 的供应商 2 订货进行应急库存补充，若供应商 2 刚好有剩余库存，则可向供应商 1 提供补充。在出现补货的情况下，补充的一方也不会完全按照被补充一方的所有需求来补充，还要看补充一方的库存量及补充上限，一般来说，补货量的上限为供货方的当期剩余库存的一半。

3）制造商和供应商的跨链合作策略：当 SC1 的一级供应商库存小于核心企业的订货量时，一级供应商出现库存短缺，这时需要向同级的 SC2 的一级供应商订货进行应急库存补充。同样，当供应商 1 的库存积压时，供应商 1 既可以和正常渠道的制造商 1 合作，又可以与额外渠道的邻近另外单链的制造商 2 合作，以减少库存积压。可见，集群式供应链内不同链中的企业间既相互联系又相互制约，其协同能力对整个集群区域的竞争能力具有重要的影响。从产业集群的角度来看，跨链间企业之间的合作增强了集群整体的服务满意度，在整体上增强了产业集群的场势效应，扩大了集群企业的市场份额，最终各个企业及其所在的单链式供应链形成一种多赢的格局。

2. 集群式供应链系统外层单元集合与内层单元集合的协同管理

（1）企业与高校及科研机构之间的协同。要提高企业的竞争力，就要进行技术创新，向供应链中的高端企业衍生。一般来讲，中小企业技术创新水平低，难以独立承担创新失败带来的巨大风险的现状，与其他企业，特别是与大学和科研机构协同可以获得物质、人力、技术三方面的资源，可以解决中小企业技术创新能力的不足。①物质资源方面，科研机构和大学可为中小企业研发有偿或无偿提供设备、场地等，从而间接参与创新活动；②人力资源方面，科研机构和大学为中小企业输送大量的各类人才，以人力资源培养为纽带，双方开展广泛的合作，如联合培养人才等；③技术资源方面，科研机构和大学除向中小企业直接提供所需技术外，还应使产学研结合点前移，中小企业在高校设立实验室或研发机构，主要研究中小企业的发展，新产品的研发，新技术的使用并再创新；高校优秀研发人才和团队，进入或组建企业技术创新中心，以此形成一种长期的、稳定的、制度化的利益共同体，全面提高中小企业的技术创新能力。硅谷的崛起就是美国产学研合作创新获得的巨大成功的一个实例。

（2）企业与政府之间的协同。作为非自然系统的集群式供应链的协同和发展演化与政府有着很大的关系，需要政府提供“公共物品”，如配套基础设施、公用信息网等。更需要政府在引导集群式供应链时，应动态处理好与不同企业的关系。在集群式供应链发展前期应积极大力发展区域的核心产业优势，发展和吸引相关的核心大企业；当产业形成一定水平和规模后，此时的发展重心应有所转移，要着重扶持中小企业的发展。技术创新具有高投入、高风险和明显的外部经济特征，因此单纯依靠市场调节难以调动中小企业技术创新的积极性，这时需要政府发挥重要作用。政府要支持和鼓励中小企业与科研院所及高校建立优势互补、风险共担、利益共享、共同发展的“产学研”合作机制，增强企业的研究开发能力，鼓励中小企业之间联合研发与创新，加强不同企业研发机构的交流与合作，提高科技资源利用效率和运行效率。通过宏观规范管理、政策法规完善、市场培育及规范中介行为等方式，不断提高中介服务体系的服务质量和信誉，以促进系统内中小企业间的协同管理。

（3）企业与其他组织之间的协同。集群式供应链系统整体高效运作离不开系统组织外层专业市场、第三方物流（3PL）、行业协会和市场信息中心等，这些组织在一般供应链系统中不能作为由政府部门提供的公共物品而存在，因为往往缺乏效率和专业支撑；相反，在集群式供应链系统中这些结构和组织往往在市场机制中起主导作用，顺应分工和协作的要求，为供应链系统提供各种协作帮助。这些组织的存在也在很大程度上分散了机会主义、反映了滞后性和风险分担所带来的协调问题。

中小企业技术创新也离不开发达、完善的中介服务体系，它们是中小企业创新连接外部的一个桥梁，在促进政府、各类创新主体与市场之间的知识流动和技术转移方面发挥着关键作用。如人力资源服务机构可为中小企业提供优秀人才及教育培训，并促进人才的交流与合作。技术转移服务机构将大学的技术成果转移给合适的企业，同时把社会、产业界的需求信息反馈到学校，推动了大学与企业的合作。在集群内部存在许多单个的企业，通过集群式供应链系统整合，其表现出来的竞争力就不再是“1+1=2”这种将所有单个企业竞争力简单的叠加，是具有乘数效应的“1+1>2”，能将原来弱小的单元企业的竞争力放大，企业可通过这种集群式供应链系统的协同管理，改变企业仅靠企业自身的资源参与市场竞争，转而依赖于将经营过程中的有关各方，如供应商、制造商、分销网络、客户纳入紧密的供应链系统中，利用一切市场资源。总之，集群式供应链系统使得许多本来不具有市场生存条件的企业，由于集群中的协同，不但能生存下来，而且增强了各自的竞争力，这也是集群式供应链系统比其他供应链系统更具有普遍性和适应性之所在。集群式供应链结合产业集群中聚集地同一产业众多上下游相关企业的特点，构建了适用于集群中企业发展特点的供应链管理方法，为集群企业竞争力的提高提供了理论支撑和方法指导。

六、产业集聚与供应链联盟的协同发展效应分析

1. 形成经营规模化

由于产业集聚，集聚区内的企业用户结构得以优化，提高了用户的集中度，企业可以集中资源为主要客户服务，从而形成经营规模化。供应链联盟可避免由于企业规模过大而内外受阻所带来的双重约束，产业集聚区内的供应链联盟较普通的供应链联盟具有更明显的规模经济和竞争活力。

2. 提高运行效率

由于生产结构、投入—产出要素的相似性或互补性，产业集聚能产生对基础设施的共同需求及信息和资源的共享，从而节约供应链联盟企业的生产、交易和学习费用，提高运行效率。在产业集聚区内，供应链联盟企业共用技术研究与开发平台，使得信息得以共享，共同的物流平台使得资源共享，有效降低物流成本。

3. 提高生产效率和整体竞争力

产业集聚区内企业的相似性和互补性使得供应链联盟企业的专精属性更加明显，企业专注于自身的优势领域而能在区域内得到其他企业的支持，这一动态共同体的协调发展，能较大幅度地提升区域和供应链联盟的生产效率和整体竞争力。

4. 有利于减少风险和降低交易成本

产业集聚植根于本地化社会网络之中，有共同的社会文化背景和共同的价值观念，区域内基于共同人文背景的企业或组织通过长期博弈，易促成供应链联盟企业共同信任基础的建立，有利于减少机会主义风险和降低交易成本。

5. 促进整个群体创新能力的提高

通过产业的柔性集聚而形成的供应链联盟，往往具有更强的创新功能，能有效提升产业与企业的竞争力。高度专业化的技能和知识、机构、竞争者、相关企业及客户在地理上的集中，能产生较强的知识与信息累积效应，这在加强企业持续创新能力方面起着关键作用。集群内企业联系频繁，地理位置接近，创新成果扩散更快，更易为其他企业所学习和吸收，从而促进了整个群体的创新能力的提高。

6. 更有效地规避风险

企业环境的不稳定、技术知识的不确定性和市场的变化会导致经营和创新的风险。供应链联盟企业通过产业集聚的柔性化增强了其处理不确定性及抗风险的能力。供应链联盟企业的决策协同、信息和经验的共享，较之普通的供应链联盟能更有效地规避风险。

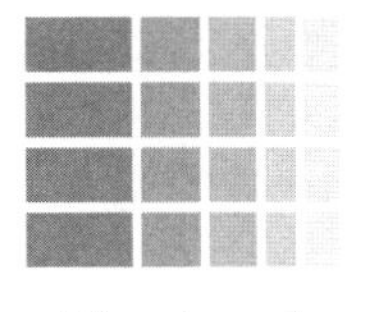

第六章

研究结论与展望

第一节 研究结论

通过本书前五章的详细论述，得出的主要结论如下：

对研究背景、相关理论基础进行介绍，阐述了制造业集群供应链网络的构成主体及联结模式，本书试图对集群供应链网络的关键要素进行识别，明确在众多企业生产制造的过程中形成的体系，弄清楚它们之间的供需关系，在多条错综复杂的供应链之间提出了集群式的供应链网络模型。根据其相关性，将网络结构分为三个种类：①产品供应链网络；②服务供应链网络；③知识供应链网络。

接下来是本书的重点，主要对制造业集群供应链网络效应展开了理论和案例研究，主要有以下六大协同效应：

（1）制造业集群供应链网络分工协同效应。通过深化专业分工，并在分工的基础上建立密切合作关系，可以使所有的企业竞争力得以提高，从而提升产业集群竞争力。本书详细阐述了制造业集群供应链网络分工协同的效应，指出制造业集群的供应链分工协同是通过企业核心竞争力连接起来的专业化分工体系，每个企业构成价值链的一个环节。这种专业化分工合作使产业集群形成基于价值链的网络联盟。笔者认为，制造业集群供应链网络分工协同的效应主要体现在以下四个方面：①促进了服务专业化和生产专业化，②提升产业集群的竞争优势，③降低企业成本，④促进技术进步。

（2）制造业集群供应链网络资源协同效应。本书提出了影响供应链网络资源协同效应的因素，具体有：合作伙伴的选择，信息交流与共享，资源的边际效益规律，资源协作的策略。然后，指出了供应链网络资源协同的约束条件，认为制造企业必须遵循企业共赢、资源共享、动态性、平等公平以及求同存异的原则，这样才能保证资源协同的效应最大。最后引出了制造业集群供应链网络资源协同效应，指出制造业企业在资源纵向协同与横向协同的共同作用下，通过供应链资源协同机制会产生多种效应，具体包括经济效应、管理效应、学习效应。

（3）制造业集群供应链网络生产协同效应。笔者着重选取了长株潭制造业工程机械厂集群这一经典案例来进行研究和分析，从分析这个案例的过程中，发现了该协同体系的优势与劣势，并采取了相应的对策，第一，应建立起有效的信息沟通平台，并且在集群内建立起一支信息自管理团队，这组团队也可以被叫作自我导向、自我维持、自我调整、自我领导的团队。第二，要在集群与地区政府之间建立良好的合作关系，通过与政府的良好协商制定并达成相关扶持政策。

（4）制造业集群供应链网络市场协同效应。通过集群优势企业可以占据更大更宽的市场份额，并且在市场中联盟的集体力量要优于企业单兵作战时的力量，这一点我们众所周知，另外，通过合作的方式，我们可以像上汽集团一样，不光拥有属于集群的优势品牌，另外还可以通过集群的力量带动自己企业内部品牌的发展，这些都是一举多得的共赢模式。

（5）制造业集群供应链网络竞争协同效应。制造业集群供应链网络竞争协同效应主要包括以下方面：不再孤立地看待各个企业及部门，而是考虑所有相关的内外联系，并把整个产业集群内的供应链管理看成是一个有机的整体；各节点企业在信息共享的基础上，以提高整体供应链的最大效益为目标，进行相互沟通后协同决策；各节点企业的构成框架及其运行规则主要是基于最终客户的需求和整个价值链的增值；各合作伙伴建立新型的相互信任、同步和团结，能提高整个供应链的柔性和实现整个供应链价值的最优。

（6）制造业集群供应链网络创新协同效应。制造业集群供应链网络竞争创新协同效应主要包括以下方面：形成经营规模化，提高运行效率，提高生产效率和整体竞争力，有利于减少风险和降低交易成本，促进整个群体创新能力的提高，更有效地规避风险。

第二节　研究展望

本书对制造业集群供应链网络协同效应的研究具有十分重要的理论意义和实际指导意义，我们对集群中的一些关键理论和概念进行了分析和研究，并选取了相关典型案例进行说明和分析，从一定程度上完善了供应链网络协同这一概念的理论基础，也对进一步促进协同理论在整体供应链管理中的应用与研究起到了积极的促进作用。伴随着互联网技术的进一步普及，以及个人电脑等技术的普及，一些先进的制造技术、概念和模式正在悄然地进入我们的生活之中，当今世界的知识处理模式放在遥远的20世纪，肯定会被别人认为是天方夜谭、痴人说梦，可是现在来看当时被我们认为是无稽之谈的一些理念，会发现原来这些理论都是可行的，说得通的。那么对于今后的深入研究，结合本书所学到的经验，我们可以大胆地提出几个关键的设想。

（1）用构建模型的方法去研究供应链网络协同理论，这一方面的研究有待进一步深入，现如今的研究通常都是寻找相关的案例并进行分析的比较多，没有人会选择复杂的建模来具体分析，所以我们希望在今后关于这个课题的研究中，会有更多的学者选择建立相关的模型来研究，做到更具体、更实用、不空谈、不妄想。

（2）在本书中，由于一些现实情况的限制，有一些条件是我们假设出来的，然而在实际的操作过程中，并不像我们想象的这样，所以在上述模型的构建中，也需要将这些情况和影响因素实际考虑进去，综合得出一个客观的、实际可行的方案。

（3）有关这方面的研究，是一项复杂的长期系统工程，我们希望今后对此感兴趣的学者，能够将自己关于这方面的知识与理论和时代热点动态结合在一起，不断地完善网络协同模型，将日常生活中感兴趣的集群数据搜寻并记录下来，做到在今后的研究中有据可查、有例可循。

（4）从本书的写作中不难发现，这种集群模式需要成员之间互相建立起高度的信任机制，只有这样成员企业之间才可以开展更加深入的合作和交易，只有这样才能保证集群供应链的高效运作。所以这也就要求我们在今后能结合着成员企业的实际状况，设计出一套合理的信任机制和激励奖惩机制，这对于集群和各个企业的正常运作来说都是很有必要的。

本书的完成，并不代表着我们已经从理论上解决了相关问题，在集群的发展和壮大的过程中，还会有许多不同种类的问题相继而出，由于篇幅有限，我们也希望在今后能有机会更深入地根据相关问题展开更进一步的研究。

参考文献

［1］Thomas D J，Griffin P M. Coordinated supply chain management［J］. European Journal of Operational Research，1996，94（1）：1-15.

［2］Stank T P，Keller S B，Daugherty P J. Supply chain collaboration and logistical service performance［J］. Journal of Business Logistics，2001，22（1）：29-48.

［3］Manthou V，Vlachopoulou M，Folinas D. Virtual e-Chain（VeC）model for supply chain collaboration［J］. International Journal of Production Economics，2004，87（3）：241-250.

［4］Cachon G P，Lariviere M A. Supply chain coordination with revenue-sharing contracts：Strengths and limitations［J］. Management science，2005，51（1）：30-44.

［5］Kanda A，Deshmukh S G. Supply chain coordination：Perspectives，empirical studies and research directions［J］. International Journal of Production Economics，2008，115（2）：316-335.

［6］Karakitsiou A，Migdalas A. A decentralized coordination mechanism for integrated production-transportation-inventory problem in the supply chain using Lagrangian relaxation［J］. Operational Research，2008，8（3）：257-278.

［7］Scholten K，Schilder S. The role of collaboration in supply chain resilience [J]. Supply Chain Management: An International Journal, 2015, 20 (4): 471-484.

[8] Sabri E H, Beamon B M. A multi-objective approach to simultaneous strategic and operational planning in supply chain design [J]. Omega, 2000, 28 (5): 581-598.

[9] Giannoccaro I, Pontrandolfo P. Supply chain coordination by revenue sharing contracts [J]. International Journal of Production Economics, 2004, 89 (2): 131-139.

[10] Long Q. A flow-based three-dimensional collaborative decision-making model for supply-chain networks [J]. Knowledge-Based Systems, 2016, 97 (1): 101-110.

[11] Chaharsooghi S K, Heydari J. Supply chain coordination for the joint determination of order quantity and reorder point using credit option [J]. European Journal of Operational Research, 2010, 204 (1): 86-95.

[12] Saha S, Goyal S K. Supply chain coordination contracts with inventory level and retail price dependent demand [J]. International Journal of Production Economics, 2015, 161 (3): 140-152.

[13] Abuhilal L, Rabadi G, Sousa-Poza A. Supply chain inventory control: A comparison among JIT, MRP and MRP with information sharing using simulation [J]. Engineering Management Journal, 2006, 18 (2): 51.

[14] Bozarth C, Blackhurst J, Handfield R B. Following the thread: Industry cluster theory, the New England cotton textiles industry and implications for future supply chain research [J]. Production and Operations Management, 2007, 16 (1): 154-157.

[15] Bosona T G, Gebresenbet G. Cluster building and logistics network integration of local food supply chain [J]. Biosystems engi-

neering, 2011, 108 (4): 293–302.

[16] Reveiu A, Dardala M. Business Collaboration by Cluster Supply Chain.The Case of Romanian Pharmaceutical Industry [J]. Oeconomics of Knowledge, 2013, 5 (1): 2–14.

[17] Porter M R. Cluster and the new economics of competition [J]. Harvard Business Review, 1998, 76 (6): 77–99.

[18] S Klepper.The origin and growth of industry clusters: The making of silicon valley and detroit [J]. Journal of Urban Economics, 2010, 67 (1): 15–32.

[19] J S Engel, I Palacio.Global networks of clusters of innovation: Accelerating the innovation process [J]. Business Horizons, 2009, 52 (5): 493–503.

[20] Chih–Hsing Liu. The effects of innovation alliance on network structure and density of cluster [J]. Expert Systems with Applications, 2011, 38 (1): 299–305.

[21] P Li, et al. Network dynamics and cluster evolution: Changing trajectories of the aluminum extrusion industry in Dali, China [J]. Journal of Economic Geography, 2012, 12 (2): 127–155.

[22] Lin F R, Shaw M J. Reengineering the order fulfillment process in supply chain networks [J]. The International Journal of Flexible Manufacturing Systems, 1998 (10): 197–229.

[23] Cooper, M C, Lambert, D M, Pagh, J D. Supply chain management: Implementation issues & research opportunities [J]. The International Journal of Logistics Management, 1998, 9 (2): 1–19.

[24] Christtopher J.Clark, Suvir Varma. Strategic risk management: The new competitive edge [J]. Long Range Planning, 1999 (4): 414–424.

[25] Andi Cakravastia, Isa S. Toha and nobuto nakamura.

A two-stage model for the design of supply chain networks [J]. International Journal of Production Economics, 2002 (12): 231-248.

[26] June Dong, Ding Zhang, Anna Nagurney. A supply chain network equilibrium model with random demands [J]. European Journal of Operational Research, 2004 (7): 194-212.

[27] Tjendera Santoso, Shabbir Ahmed, Marc goetschalckx, alexander shapiro. A stochastic programming approach for supply chain network design under uncertainty [J]. European Journal of Operational Research, 2005 (11): 96-115.

[28] Che Z H, Wang H S, Sha D Y. A multi-criterion interaction-oriented model with proportional rule for designing supply chain networks [J]. Expert Systems with Applications, 2007 (11): 1042-1053.

[29] Mark Goh, Lim J Y S, Fan Meng. A stochastic model for risk management in global supply chain networks [J]. European Journal of Operational Research, 2007 (10): 164-173.

[30] Özceylan E, Paksoy T. A mixed integer programming model for a closed-loop supply-chain network [J]. International Journal of Production Research, 2013, 51 (3): 718-734.

[31] Paksoy T, Özceylan E, Weber G W. Profit oriented supply chain network optimization [J]. Central European Journal of Operations Research, 2013, 21 (2): 455-478.

[32] Kristianto Y, Gunasekaran A, Helo P, et al. A model of resilient supply chain network design: A two-stage programming with fuzzy shortest path [J]. Expert Systems with Applications, 2014, 41 (1): 39-49.

[33] Anthony D Ross. A two-phase approach to the supply network reconfiguration problem [J]. European Journal of Operational

Research, 2000, 12 (2): 18–30.

[34] Jun Hyung Ryn, Vivck Dua, Efstrations N Pistikopoulos. A bi–level programming framework for enterprise–wide process networks under uncertainty[J]. Computers Chemical Engineering, 2004(28): 1121–1139.

[35] Anna Nagurney, Dmytro Matsypura. Global supply chain network dynamics with multicriteria decision–making under risk and uncertainty [J]. Transportation Research Part E: Logistics and Transportation Review, 2005 (11): 585–612.

[36] Uday Venkatadri, Ashok Srinivasa, Benoit montreuil, ashish saraswat. Optimization–based decision support for order promising in supply chain networks [J]. International Journal of Production Economics, 2006 (9): 117–130.

[37] Fulya Altiparmak, Mitsuo Gen, Lin Lin, Turan Paksoy. A genetic algorithm approach for multi–objective optimization of supply chain networks [J]. Computers & Industrial Engineering, 2006 (9): 196–215.

[38] Suh–Wen Chiou. A combinatorial approximation algorithm for supply chain network flow problem [J]. Applied Mathematics and Computation, 2007 (3): 1526–1536.

[39] Badri H, Bashiri M, Hejazi T H. Integrated strategic and tactical planning in a supply chain network design with a heuristic solution method [J]. Computers & Operations Research, 2013, 40 (4): 1143–1154.

[40] Stritto G D, Falsini D, Schiraldi M M. Supply chain network design for the diffusion of a new product [J]. International Journal of Engineering Science and Technology, 2013, 5 (2): 79–92.

[41] Shankar B L, Basavarajappa S, Chen J C H, et al. Location

and allocation decisions for multi-echelon supply chain network - A multi-objective evolutionary approach [J]. Expert Systems with Applications, 2013, 40 (2): 551-562.

[42] Fallah-Tafti A, Sahraeian R, Tavakkoli-Moghaddam R, et al. An interactive possibilistic programming approach for a multi-objective closed-loop supply chain network under uncertainty [J]. International Journal of Systems Science, 2014, 45 (3): 283-299.

[43] 王缉慈 . 解读产业集群 [M]. 北京：机械工业出版社，2005：4.

[44] 赵广华. 产业集群供应链协同管理体系构建 [J]. 科技进步与对策，2010 (18)：53-56.

[45] 曾小青，樊培. 产业集群中供应链协同运行机制研究 [J]. 经济研究导刊，2010 (32)：55-57.

[46] 刘思佳. 基于供应链协同的上海汽车产业集群策略研究 [D]. 上海师范大学硕士学位论文，2011.

[47] 徐冠华，刘冬梅，刘琦岩 . 现代服务业的发展趋势与对策 [J]. 战略与决策研究，2009，24 (3)：218-255.

[48] 王道平，李贺 . 基于知识流的敏捷供应链知识服务模式研究 [J]. 软科学，2010 (3)：1-9.

[49] 夏立新，韩永青，邓胜利 . 基于知识供应链的知识服务模型研究 [J]. 中国图书馆学报，2008 (2)：60-61.

[50] 单汨源，吴宇婷，任斌 . 一种服务供应链拓展模型构建研究 [J]. 科技进步与对策，2011，28 (11)；10-15.

[51] 霍春辉，刘力钢，张兴瑞 . 供应链服务集成商业模式解析 [J]. 经济问题，2009 (7)：52-53.

[52] 黎继子 . 集群式供应链管理（第 1 版）[M]. 北京：中国经济出版社，2006.

[53] 陈建军，张敏 . 集群供应链条件下的企业组织结构研究

[J]. 科学学与科学技术管理，2009（2）：106–110.

[54] 严含，葛伟民."产业集群群"：产业集群理论的进阶[J]. 上海经济研究，2017（5）：34–43.

[55] 阮建青，石琦，张晓波. 产业集群动态演化规律与地方政府政策[J]. 管理世界，2014（12）：79–91.

[56] 郑彬. 马歇尔式产业集群中地方政府技术创新公共政策研究——以广东龙江家具产业集群为例[J]. 辽东学院学报（社会科学版），2012（5）：109–114.

[57] 张忠湘. 政府主导型产业集群演进过程中的政府政策研究[D]. 湖南科技大学硕士学位论文，2010.

[58] 张治河，黄海霞，谢忠泉，孙丽杰. 战略性新兴产业集群的形成机制研究——以武汉·中国光谷为例[J]. 科学学研究，2014（1）：24–28.

[59] 陈培阳. 浙江产业集群优势分析[J]. 合作经济与科技，2009（7）：8–9.

[60] 孟建安. 产业集群中企业的竞争优势研究[D]. 首都经济贸易大学硕士学位论文，2006.

[61] 曾小青，樊培. 产业集群中供应链协同运行机制研究[J]. 经济研究导刊，2010（32）：55–57.

[62] 张爽. 企业供应链之间的竞合关系分析[J]. 沿海企业与科技，2005（2）：15–16.

[63] 陈央飞. 层次型加权供应链网络研究[D]. 浙江工商大学硕士学位论文，2013.

[64] 廉同辉，余菜花，李强. 承接产业转移背景下中部地区传统产业集群的社会网络结构及其演化分析——以安徽孙村服装产业集群为例[J]. 经济体制改革，2013（4）：101–105.

[65] 胡宇辰. 产业集群支持体系[M]. 北京：经济管理出版社，2005：3–5.

［66］刘平，贺武，周世璇 . 物流链整合视角下商贸流通产业集群升级模式研究［J］. 商业经济研究，2015（17）：121–122.

［67］周晓晔，付东明，高婧葳 . 基于系统动力学的产业集群与城镇化互动发展研究［J］. 沈阳工业大学学报（社会科学版），2016（1）：47–52.

［68］熊伟清，魏平 . 基于多 Agent 供应链网络企业竞合关系演化分析［J］. 系统科学与数学，2015（7）：779–787.

［69］曹文彬，熊曦 . 边效益因素下复杂供应链网络局域演化机制［J］. 计算机应用研究，2016（1）：75–77.

［70］滕春贤，姚锋敏，胡宪武 . 具有随机需求的多商品流供应链网络均衡模型的研究［J］. 系统工程理论与实践，2007（10）：77–83.

［71］徐兵，朱道立 . 多用户多准则随机选择下供应链网络均衡模型［J］. 系统工程学报，2008（5）：547–553.

［72］张浩，杨浩雄，郭金龙 . 供应链网络可靠性的多层 Bayes 估计模型［J］. 系统科学与数学，2012（1）：45–52.

［73］彭向，张勇 . 基于时变需求的供应链网络动态均衡模型［J］. 系统工程理论与实践，2013（5）：1158–1166.

［74］赵国甫 . 多商品流三层供应链网络均衡模型构建［J］. 商业经济研究，2016（8）：112–114.

［75］孙嘉轶，滕春贤，陈兆波 . 基于微分变分不等式的再制造闭环供应链网络动态模型［J］. 系统工程理论与实践，2015（5）：1155–1164.

［76］马军，董琼，杨德礼 . 基于风险管理的动态供应链超网络均衡模型［J］. 运筹与管理，2015（1）：1–9.

［77］胡劲松，徐元吉. 考虑产能约束的模糊供应链网络均衡研究［J］. 管理学报，2012（1）：139–143.

［78］李翀，刘思峰，方志耕，白洋 . 供应链网络系统的牛

鞭效应时滞因素分析与库存控制策略研究［J］. 中国管理科学，2013（2）：107–113.

［79］孙浩，张桂涛，钟永光，达庆利. 政府补贴下制造商回收的多期闭环供应链网络均衡［J］. 中国管理科学，2015（1）：56–64.

［80］马卫民，李彬，徐博，张发幼. 考虑节点中断和需求波动的可靠供应链网络设计问题［J］. 系统工程理论与实践，2015（8）：2025–2033.

［81］徐琪，徐福缘. 供需网的一个节点：供应链协同管理与决策［J］. 系统工程理论与实践，2003（8）：31–35.

［82］唐晓波，黄媛媛. SCM 协同管理战略及模型评价［J］. 情报杂志，2005（1）：88–90.

［83］宁方华，陈子辰，熊励，张云. 协同物流网络的任务协调决策模型及其求解算法［J］. 控制与决策，2007（1）：109–112.

［84］魏炜，申金升. 基于贝叶斯更新的供应链协同预测模型研究［J］. 预测，2010（5）：68–73.

［85］马士华，李果. 供应商产出随机下基于风险共享的供应链协同模型［J］. 计算机集成制造系统，2010（3）：563–572.

［86］朱晓宁，张群，颜瑞，马风才. 供应链协同产品设计开发模型及策略［J］. 统计与决策，2014（10）：40–43.

［87］熊浩，鄢慧丽. 二级供应链系统的三阶段协同订货模型［J］. 中国管理科学，2014（5）：69–74.

［88］杨凡，周朝晖，杨小华. 协同订单管理平台上 CRM 与 ERP 的集成与实现［J］. 计算机应用，2007（1）：428–430.

［89］张翠华，范岩，于海斌，王养彬. 分散决策供应链生产计划协同研究［J］. 计算机集成制造系统，2008（8）：1622–1629.

［90］黄焜，马士华，冷凯君，张得志．订单不确定条件下的供应链协同决策研究［J］．中国管理科学，2011（1）：62-68.

［91］刘炯艳．基于多 Agent 的协同物流系统协作研究［J］．统计与决策，2007（19）：44-46.

［92］谈冉，严新平，薛胜军．基于 CSCW 的协同物流商务系统［J］．计算机工程，2007（9）：260-262.

［93］谢磊，马士华，桂华明，黄培．供应物流协同影响机制实证分析［J］．科研管理，2014（3）：147-154.

［94］向晋乾，黄培清，郭玉明．企业集团内部供应链知识的协同机制研究［J］．情报科学，2005（12）：1881-1887.

［95］张省．基于序参量的知识链知识协同机制研究［J］．情报理论与实践，2014（3）：21-24.

［96］夏蔚军，吴智铭．供应链协同契约研究［J］．计算机集成制造系统，2005（11）：1576-1579.

［97］魏晨，马士华．基于瓶颈供应商提前期的供应链协同契约研究［J］．中国管理科学，2008（5）：50-56.

［98］侯玉梅，田歆，马利军，张明莉，郑涛．基于供应商促销与销售努力的供应链协同决策［J］．系统工程理论与实践，2013（12）：3087-3094.

［99］陈志圣，黄立平．基于网格的供应链管理信息平台的构建［J］．计算机工程与设计，2007（19）：4674-4676.

［100］裴玉玲，徐世六．基于动态协同的管理信息平台［J］．微电子学，2009（3）：394-397.

［101］闵新平，史玉良，李晖，崔立真，郑永清，李庆忠．基于动态供应链网络的协同行为模式挖掘方法［J］．计算机集成制造系统，2016（2）：324-329.

［102］吴绒，白世贞，吴雪艳．农产品绿色供应链协同演化机理研究［J］．科技管理研究，2016（3）：235-239.

［103］黎继子，刘春玲，蔡根女．全球价值链与中国地方产业集群的供应链式整合——以苏浙粤纺织服装产业集群为例［J］．中国工业经济，2005（2）：118–125.

［104］霍佳震，吴群，谌飞龙．集群供应链网络的联结模式与共治框架［J］．中国工业经济，2007（10）：13–20.

［105］杨瑾．复杂产品制造业集群供应链系统组织模式研究［J］．科研管理，2011（1）：153–160.

［106］傅培华，李进，刘燕楚．基于度与路径优先连接的集聚型供应链网络演化模型［J］．运筹与管理，2013（1）：120–125.

［107］黎继子，马士华，郭培林，刘春玲．基于横向合作的集群式供应链跨链系统设计［J］．系统工程学报，2008（6）：735–743.

［108］施国洪，钟颢．集群式供应链多级跨链间库存协作模型研究［J］．工业工程与管理，2009（3）：7–12.

［109］唐喜林，李军．集群中供应链间 Bertrand 博弈模型及其均衡分析［J］．统计与决策，2009（9）：49–51.

［110］朱海波，李向阳．集群式供应链跨链间库存协作模型［J］．系统管理学报，2013（1）：74–84.

［111］刘春玲，肖位春，黎继子，马士华，孙林夫，曹晓刚．有限超储契约下集群式供应链跨链采购决策模型及算法［J］．计算机集成制造系统，2013（5）：1115–1126.

［112］左志平，刘春玲，黎继子．产业集群供应链生态合作绩效影响因素实证研究［J］．科学学与科学技术管理，2015(5)：32–41.

［113］颜波，刘艳萍，夏畅．集中控制型 VMI&TPL 集群式供应链的补货决策和协调契约［J］．系统工程理论与实践，2015（8）：1968–1982.

［114］李宏宽，李忱 . 跨链间同级库存协作下集群式供应链协调分析［J］. 计算机集成制造系统，2015（12）：3282–3291.

［115］周宏根，景旭文 . 面向应用服务的集群式供应链协同平台的研究［J］. 机械设计与制造，2009（11）：253–255.

［116］赵广华 . 产业集群供应链协同管理体系构建［J］. 科技进步与对策，2010（18）：53–56.

［117］黄花叶，刘志学 . 第三方物流参与的集群式供应链库存协同控制［J］. 工业工程与管理，2011（5）：33–40.

［118］胡滢 . 第四方物流下集群式供应链协同管理研究［J］. 商业经济研究，2015（29）：32–33.